蓝白之帜·阿根廷传
世界杯豪门王朝系列
ARGENTINA NATIONAL FOOTBALL TEAM

冯逸明主编

北京时代华文书局

图书在版编目（CIP）数据

蓝白之帜：阿根廷传 / 冯逸明主编． -- 北京：北京时代华文书局，2018.6
ISBN 978-7-5699-2454-1

Ⅰ．①蓝… Ⅱ．①冯… Ⅲ．①足球运动－优秀运动员－列传－阿根廷 Ⅳ．①K837.835.4

中国版本图书馆 CIP 数据核字（2018）第 119045 号

蓝白之帜：阿根廷传
LAN BAI ZHI ZHI AGENTING ZHUAN

主　　编｜冯逸明

出 版 人｜王训海
选题策划｜赵　雷
责任编辑｜张　科
特约编辑｜陆兆远
装帧设计｜牛　涛
责任印制｜刘　银　姚　春

出版发行｜北京时代华文书局 http://www.bjsdsj.com.cn
　　　　　北京市东城区安定门外大街 136 号皇城国际大厦 A 座 8 楼
　　　　　邮编：100011　　电话：010-64267955　64267677　57735442

印　　刷｜小森印刷（北京）有限公司　010-80215073
　　　　　（如发现印装质量问题，请与印刷厂联系调换）

开　　本｜710mm×1000mm　1/16　　印　张｜14　　字　数｜239 千字
版　　次｜2018 年 7 月第 1 版　　　　印　次｜2018 年 7 月第 1 次印刷
书　　号｜ISBN 978-7-5699-2454-1
定　　价｜49.80 元

版权所有，侵权必究

目录
ARGENTINA NATIONAL FOOTBALL TEAM

云蒸霞蔚 ………………………………… 1
以神之名 ………………………………… 3
两届世界杯冠军 ………………………… 5
巨星印象 ………………………………… 6
基石 / 侠客 / 球王 / 风之子 / 骁将
战神 / 小跳蚤 /KUN/ 天使之翼
"蓝白军团"请为梅西夺冠军 ………… 18
十四届美洲杯冠军 ……………………… 21
阿根廷队对阵冰岛队首发阵容 ………… 22

阿根廷正传

第一章
巨人进击 …………………………… 27
1. 拉普拉塔河德比　　2. 倔强的雄鹰
3. 归来　　　　　　　4. 折翼

第二章
蓝白怒放 …………………………… 43
1. 阿根廷,别为我哭泣　2. 我的地盘
3. 超级马里奥　　　　 4. 传承

第三章
王的盛宴 …………………………… 61
1. 王牌的力量　　　　2. 一个人的世界杯
3. 泪洒亚平宁　　　　4. 谢幕

第四章
百舸争流 …………………………… 83
1. 梦碎法兰西　　　　2. 低谷
3. 马拉多纳接班人　　4. 死亡之组

第五章
华丽的忧伤 ……………………… 103
1. 国王归来　　　　　2. 梦碎南非

3. 梅西时代　　　　　4. 力挽狂澜

阿根廷列传
阿根廷历史四十大巨星 …………… 123
1. 蒙蒂　　　　　　　2. 斯塔比莱
3. 帕萨雷拉　　　　　4. 阿迪莱斯
5. 迪·斯蒂法诺　　　6. 肯佩斯
7. 卢克　　　　　　　8. 尔达诺
9. 布朗　　　　　　　10. 蓬皮多
11. 布鲁查加　　　　　12. 马拉多纳
13. 鲁杰里　　　　　　14. 卡尼吉亚
15. 戈耶切亚　　　　　16. 巴蒂斯图塔
17. 奥尔特加　　　　　18. 阿亚拉
19. 雷东多　　　　　　20. 克雷斯波
21. 西蒙尼　　　　　　22. 萨内蒂
23. 帕勒莫　　　　　　24. 贝隆
25. 里克尔梅　　　　　26. 萨维奥拉
27. 海因策　　　　　　28. 艾马尔
29. 索林　　　　　　　30. 坎比亚索
31. 米利托　　　　　　32. 罗德里格斯
33. 特维斯　　　　　　34. 马斯切拉诺
35. 梅西　　　　　　　36. 伊瓜因
37. 阿奎罗　　　　　　38. 迪马利亚
39. 迪巴拉　　　　　　40. 伊卡尔迪

阿根廷别传
历史十大经典时刻 ………………… 191
南美双雄百年决 …………………… 205
历史荣耀数据库 …………………… 213
1. 荣誉陈列室
2. 阿根廷国家队榜单
3. 阿根廷纪录

蓝白信仰

是那些长发飘飘衣袂如飞剑条衫侠客们，携手演绎的风中那段探戈传奇。

提起阿根廷足球，我们会想到潘帕斯草原自由翱翔的雄鹰，想起那些一抹恸碎河山的泪水，想起那段随剑条衫一起舞动的欢快时光。

那是一种依然故我的唯美，那是一种沁人心脾的蓝白。

飘忽的身影，飞扬的长发，迭代的风华，不羁的灵魂。风中那一段段的传奇，与空旷清远的蓝白的世界，竟是完美融合，留下一幅幅经典画面在记忆中徐徐流过，然后定格，直到永恒。

如果你读不懂马拉多纳的眼泪、巴蒂斯图塔的犹豫、卡尼吉亚的飘逸、雷东多的优雅、梅西的天赋……那你就读不懂阿根廷足球。

在那片散发着马黛茶芬芳、飘荡着大西洋信风的潘帕斯草原，有着最灿烂的赛波花、最华丽奔放的探戈舞，当然最让人荡气回肠的还是——足球。

蓝白，曾经是世界足坛最为动人、明快的一组色彩。它代表最为灵动隽永的一个流派，灵气逼人而又热烈奔放，而它最为迷人的却是华丽深处那抹淡淡的忧伤。

这支有激情、有活力的球队历史上涌现出了很多名将：马拉多纳、巴蒂斯图塔、肯佩斯、卡尼吉亚、帕萨雷拉、迪·斯蒂法诺等，其中，马拉多纳无疑是这支"潘帕斯雄鹰军团"历史上最伟大的球员。

如今，梅西再次率领阿根廷，冲击大力神金杯。那简洁、明快的蓝白旗帜在空中飘扬，他们追求最极致的唯美足球，有时候高于对胜负的渴望。

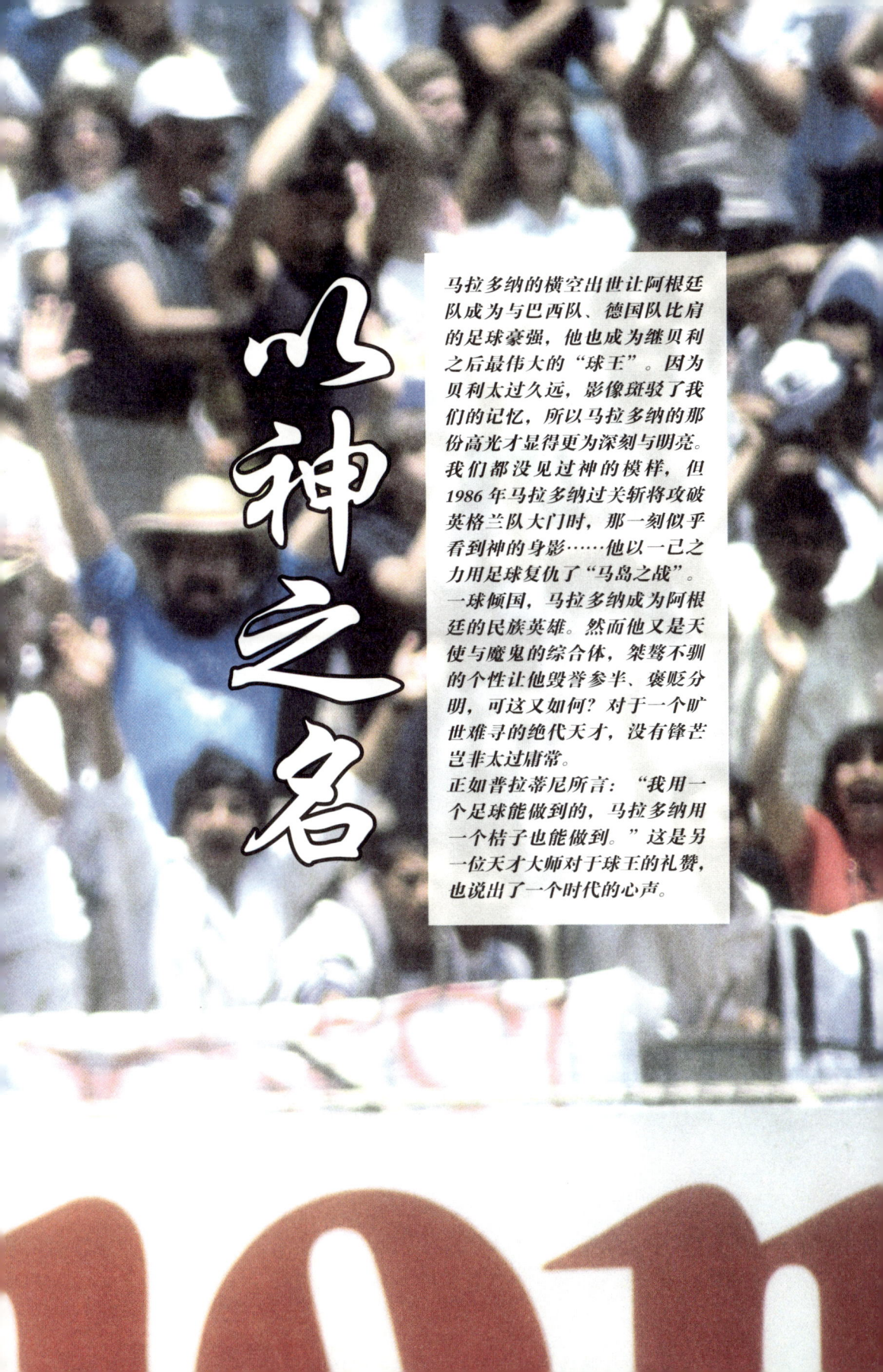

以神之名

马拉多纳的横空出世让阿根廷队成为与巴西队、德国队比肩的足球豪强,他也成为继贝利之后最伟大的"球王"。因为贝利太过久远,影像斑驳了我们的记忆,所以马拉多纳的那份高光才显得更为深刻与明亮。我们都没见过神的模样,但1986年马拉多纳过关斩将攻破英格兰队大门时,那一刻似乎看到神的身影……他以一己之力用足球复仇了"马岛之战"。一球倾国,马拉多纳成为阿根廷的民族英雄。然而他又是天使与魔鬼的综合体,桀骜不驯的个性让他毁誉参半、褒贬分明,可这又如何?对于一个旷世难寻的绝代天才,没有锋芒岂非太过庸常。

正如普拉蒂尼所言:"我用一个足球能做到的,马拉多纳用一个桔子也能做到。"这是另一位天才大师对于球王的礼赞,也说出了一个时代的心声。

阿根廷两冠榜单

年份	对手	比分	场地
1978	荷兰	3比1	纪念碑球场
1986	联邦德国	3比2	阿兹台克体育场

2

两届世界杯冠军

阿根廷队历史共两次夺得世界杯冠军（1978年和1986年），还获得3次亚军（1930、1990年和2014年）。世界杯总战绩为77场，42胜，14平，21负，进131球，失84球。

巨星印象

ARGENTINA NATIONAL FOOTBALL TEAM

基石

代表阿根廷队出场 **70**

代表阿根廷队进球 **22**

他才华出众，坐镇后场举重若轻；他铁血强悍，气吞山河独当一面；他偏执桀骜，刚正不阿，铁腕严明。他是『蓝白军团』队史上最伟大的阿根廷球员，他是帕萨雷拉。唯一两度夺得大力神杯的阿根廷球员。1978年世界杯，长发飘飘的肯佩斯成为万千球迷的新宠，但殊不知，队长帕萨雷拉才是那支华丽之师攻城略地的基石。

P

PASSARELLA

侠客 K

代表阿根廷队出场 43

代表阿根廷队进球 20

K E M P E S

如果没有马拉多纳,肯佩斯也许会是阿根廷球迷心中唯一的王。论才华,肯佩斯不输老马,但论个性,马里奥永远都只是那个默默进球的杀手。低调谦恭,华美飘逸,肯佩斯留给球迷的记忆,从来只有潇洒,没有不羁。1978年世界杯上,独中6球率队登顶,在纪念碑球场纵情飞奔,那是肯佩斯留给阿根廷球迷最美的回忆。「银鞍照白马,飒沓如流星。事了拂衣去,深藏身与名。」

M A R A D O N A

代表阿根廷队出场
91

代表阿根廷队进球
34

球王

一个集天使与魔鬼于一身的男人，职业生涯毁誉参半。这是世人对于『球王』马拉多纳最普遍的共识。但在阿根廷球迷心目中，马拉多纳永远都只是天使。就像有人说的那样『足球是让阿根廷人忘掉一切痛苦和磨难的最好的精神家园，而马拉多纳则是上帝赐予他们的最好的礼物。』从1982年到1994年，4次身披蓝白球衣出征世界杯，马拉多纳用完美的表现写就了一代『球王』的传奇。永远都只有一个马拉多纳，无论后世如何效仿与追逐，都难以再现老马当年的风采。是的，马拉多纳不是一个完美的人，但他却是一个完美的球员。这一点，举世公认。

风之子

曾经有人这样形容：上帝一定是一个追求完美的人，他在创造了一个完美的马拉多纳之后，怕他太过寂寞，又创造出了一个同样完美的搭档——卡尼吉亚，就像风一样没有方向，就像风一样习惯流浪。

他是最能定义"潘帕斯雄鹰"气质的男人，如风般轻灵飞舞，又如风般狂放不羁。1990年世界杯，接到马拉多纳的世纪助攻，卡尼吉亚洞穿巴西队大门的那一刻，就是他足球生涯最动人的写照。

绿草如茵的足球场，是卡尼吉亚梦开始的地方，他在那里展开翅膀，随风飞扬，志在远方。

C A N I G G I A

代表阿根廷队出场 **50**

代表阿根廷队进球 **16**

Z
ZANETTI

代表阿根廷队出场
145

代表阿根廷队进球
5

骁将

雕塑一般的面庞，朴实忠诚的性格，扎实全面的球技，让萨内蒂成了梅阿查的一座丰碑，成了国际米兰永恒的旗帜人物。而在阿根廷国家队，"永远的小将"也用兢兢业业的表现，守护着"蓝白军团"的后防线，长达17年之久。145场比赛，萨内蒂至今还保持着阿根廷国家队出场最多的纪录。两届世界杯、五届美洲杯，萨内蒂赫赫战功的背后，是朴实无华的付出，是任劳任怨的坚守。同时他还是梅阿查旗帜性的人物，十九载的蓝黑生涯共出场858场。

战神

巴蒂斯图塔是唯一一位在两届世界杯都上演过"帽子戏法"的球员,"战神"的绰号名不虚传!看阿根廷球员踢球就像在潘帕斯草原上驰骋,长发随风而动,潇洒随意又透着一种狂放不羁。是的,这是阿根廷的足球风格,也是一代又一代阿根廷足球才俊们仰慕和追逐的风尚。巴蒂斯图塔,就是其中最具特色的一位。

在"后马拉多纳时代",巴蒂斯图塔是"蓝白军团"的绝对核心,也是阿根廷队屹立不倒的王牌领袖。他忠诚、他坚毅、他激情,他为了胜利倾其所有……78次国家队出场,54球的丰功伟绩,"战神"巴蒂用十年如一日的守护,写就了一座永恒的丰碑。

B

BATISTUTA

代表阿根廷队出场
77
代表阿根廷队进球
56

小跳蚤

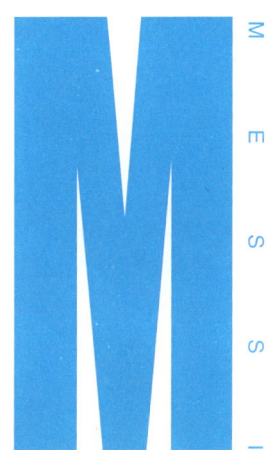

只有一个马拉多纳,同样也只有一个里奥·梅西。虽然顶着"球王接班人"的称号横空出世,且在随后的职业生涯里无限逼近老马的高度,俱乐部成就震古烁今,可国家队层面至今难言辉煌。

技术上几乎无死角,让梅西在过去十年始终拥有话语权,与C罗的绝代双骄统治。巴萨俱乐部历史上第一射手、阿根廷国家队射手王,梅西的个人荣誉等身,但唯独缺少一座大力神杯。2014年饮恨巴西的伤痛,如今率领着并不被看好的"蓝白军团"艰难地挺进俄罗斯,梅西能否完成救赎?这几乎是"小跳蚤"生涯的最后一次世界杯之旅,能否登顶封王"只看今朝"。

代表阿根廷出场 **123**

代表阿根廷队进球 **61**

代表阿根廷队出场

84

KUN

曾几何时，阿圭罗最响亮的名号是"马拉多纳的女婿"，但如今，阿圭罗只以"曼城锋霸"的名号安身立命。在阿根廷队豪华的攻击线上，阿 Kun 是不可或缺的一个。传奇主帅梅诺蒂如是评价："塞尔吉奥的爆发力和寻找战机的能力超强，他让我想起了巅峰时的罗马里奥。"

2014年世界杯，阿圭罗在小组赛对阵尼日利亚队的比赛中肌肉拉伤，在此后的比赛中状态大受影响。阿根廷队也最终在决赛场惜败德国队，无缘冠军。今年，健康的阿圭罗将是梅西身边最得力的悍将，远征俄罗斯的"潘帕斯雄鹰"，将向着最后的荣耀，振翅高飞。

代表阿根廷队进球

36

代表阿根廷队出场
93

代表阿根廷队进球
19

天使之翼

假如2014年世界杯决赛，迪马利亚没有受伤如期登场，冠军将花落谁家？可惜，如果只是失败者自我慰藉的借口，阿根廷，不相信眼泪。"天使之翼"迪马利亚错过了扮演英雄的完美时机，所以2018年的俄罗斯，他准备好了将光芒洒向人间。

出众的盘带技巧和突破能力，让迪马利亚可以轻松地撕开防线，制造出机会。在梅西身边，他一直是最默契的锋线搭档。巴西世界杯上，接"梅球王"妙传绝杀比利时队的经典之作，被拿来与卡尼吉亚和马拉多纳在1990年对阵巴西队时的"世纪连线"相提并论。如今，世界杯战火将燃，希望天使之光能引领"潘帕斯雄鹰"搏击长空，修成正果。

"蓝白军团"
请为梅西夺冠军

阿根廷欠梅西一座大力神杯,当梅西以一己之力将"潘帕斯军团"送上俄罗斯的世界杯时,这种感觉尤为凸显。

作为当代最显赫的超级巨星,梅西已经将俱乐部所有至尊荣誉都悉数拿到,现在只需要世界杯冠军荣耀的加成,这样他就可以定鼎封王,成为继贝利、马拉多纳之后,新一代"球王"。4年前艰难闯进决赛却惜败给德国队夺得亚军,2018年卷土重来,看遍这份新老交加的23人名单,得出的结论依旧是:指望头号球星梅西的发挥。

31岁的梅西,2017/2018赛季又一次赛获了西甲金靴奖、欧洲金靴奖,对他来说,进球如同探囊取物一般,追逐胜利的那颗心,还是毋庸置疑的。但每场世界杯赛都是"鏖战"、单凭梅西一己之力,绝难突出重围。

四年前,经验丰富的帕拉西奥、能拉边突击的拉维奇、奋不顾身的马斯切拉诺、时常闪光的迪马利亚……一定程度上都让梅西得到了休息的机会;4年后,马斯切拉诺、迪马利亚再次入选,而"小巴蒂"伊卡尔迪的落选引起了一片哗然!没有人不清楚,伊卡尔迪可以和梅西形成战术上的支援、战略上的互补,只不过身为主帅的桑保利就是看不上他,宁肯再度对伊瓜因寄予厚望,宁肯再度让梅西同时兼任"9号"、"10号"两个角色,然而他究竟是错,还是对?似乎走到8强时,答案才会分晓。

从分组情况来看,冰岛队、克罗地亚队和尼日利亚队,三个对手的各个方面,都远没有比肩阿根廷队的资本,他们顺理成章地小组出线基本不成问题,只不过打到淘汰赛后,会是一番什么样的天地呢?

一支来自崇尚个性、洋溢热情的南美球队,若是打算依靠防守赢得胜利的话,那简直是天方夜谭。1978年、1986年两届世界杯,不管肯佩斯,还是马拉多纳,谁不是以进攻笑到最后的?

阿根廷队,无数文青球迷的最爱,对于自由、艺术的执着追求以及时代累积的悲情宿命,还有那些如惊鸿掠过的绝代巨星,都足以令我们珍藏铭记。

当《阿根廷不相信眼泪》的旋律在耳畔响起,我们依稀看到马拉多纳那跟跄老去的背影,巴蒂斯图塔那晶莹剔透的泪滴,但我们不希望再看到梅西那扼腕叹息的神情……

14

十四届美洲杯冠军

阿根廷队从 1916 年首次参加南美锦标赛,至今共参加 37 届赛事,共获得 14 次冠军,仅次于排名第一的乌拉圭队(15 次),同时还获得 14 次亚军。其中,阿根廷队在 1945 年、1946 年和 1947 年首次创纪录地获得三连冠,这个纪录至今没有任何一支球队能够打破。

2018年俄罗斯世界杯 D 组首轮，阿根廷队对阵冰岛队首发阵容

前排左起：梅西（10号／前锋）、迪马利亚（11号／中场）、比格利亚（5号／中场）、萨尔维奥（18号／后卫）、阿圭罗（19号／前锋）、塔利亚菲科（3号／后卫）

后排左起：罗霍（16号/后卫）、卡巴列罗（23号/门将）、梅萨（13号/中场）、马斯切拉诺（14号/中场）、奥塔门迪（17号/后卫）

世界杯豪门王朝系列

蓝白织

阿根廷正传
ARGENTINA NATIONAL FOOTBALL TEAM

1901　2018

■文/西贝林3

第一章
巨人进击
1970　1982

拉普拉塔河德比 / 1930 年乌拉圭世界杯

1527 年，西班牙探险家塞瓦斯蒂安·卡沃托率领船队第一次到达阿根廷，从拉普拉塔河宽阔的河口溯流而上登陆。浩渺无涯的河面上，阳光倾泻而下，泛起点点银光，沿着河岸线向西北方向眺望，尽是一望无际的草原。

此后 400 年，战火和硝烟不断笼罩在拉普拉塔河口岸，来自欧洲大陆的入侵者带来了先进的技术和文化，但同时也造就了不可调和的民族矛盾——阿根廷和乌拉圭，他们在数百年的隔岸对望中结下世仇，延绵至今。

两个同宗、同祖、同饮一江水的移民国家，说着同样的西班牙语系，吃着同样的烤肉和意大利面，跳着同样的探戈舞，同样视足球为生命。19 世纪末，英国人首次将足球带到南美大陆，面向大西洋且经济相对发达的拉普拉塔河区域，成为最先普及现代足球运动的地区。

1901 年，阿根廷和乌拉圭在同一年各自成立了国家足球队，巧合的是，他们的首场比赛对手正是彼此。阿根廷队做客蒙德维的亚 3 比 2 获胜。两年之后，双方移师布宜诺斯艾利斯再战，乌拉圭队以相同的比分完成复仇。1916 年，在时任阿根廷总统伊里戈廷的大力倡议下，南美足球锦标赛（即美洲杯前身）应运而生。这届为纪念阿根廷独立 100 周年举行的国际大赛，只有阿根廷队、巴西队、智利队和乌拉圭队参加。作为东道主的阿根廷队，渴望用一个冠军为祖国庆生。

然而宿敌乌拉圭队并不答应，他们以 0 比 0 逼平"蓝白军团"，凭借积分优势夺魁，但尴尬的是，首届美洲杯并未设置奖杯，欢呼雀跃的乌拉圭将士聚集在颁奖台上，等候他们却是伊里戈廷的拥抱犒赏。一年之后的第二届大赛，伊里戈廷自费 3000 法郎从国内珠宝店定制了一座冠军奖杯，试图鼓舞"潘帕斯雄鹰"一雪前耻。但悲剧再次上演，乌拉圭人又一次粉碎了阿根廷人的"冠军梦"，以 1 比 0 卫冕成功，捧起"首座"美洲金杯。

至此，乌阿两国之间的"足球恩怨"正式确立，"拉普拉塔河德比"的火爆氛围，也从那时起成为球迷津津乐道的话题。不过，阿根廷人回忆起这段遥远的往事时，内心深处满是不屑和鄙夷,因为早期的"拉普拉塔河德比"是被强大的乌拉圭人所主导的。

前十届美洲杯,乌拉圭队6次夺冠,而阿根廷队只有2次。1928年,阿姆斯特丹奥运会男足决赛上,乌拉圭队又一次击败阿根廷队,蝉联冠军。就在这一年,国际足联决定创办一项职业球员能参赛的国际赛事,也就是后来风靡全球的世界杯赛了。

乌拉圭凭借奥运男足冠军的身份以及承诺为大赛修建场馆,赢得了国际足联的青睐,而且乌政府表示会承担所有参赛队的一切费用,于是其他申办国纷纷退出竞争。最终,乌拉圭全票通过,获得主办权,1930年首届世界杯赛,将在拉普拉塔河西岸的乌拉圭举行。

消息传来,拉普拉塔河东岸的阿根廷人跃跃欲试,这是他们终结乌拉圭人"巨无霸"统治的良机,还有什么比在对手地盘上干掉对手更令人酣畅的事。所以,阿根廷队挑选了一批当时国内最优秀的球员来备战世界杯。

值得一提的是,1930年世界杯是唯一没有举办预选赛的一届,而且由于举办地偏处南美洲,欧洲国家的热情并不高,直到大赛开始前两个月,还没有一支欧洲球队愿意参赛。为此,时任国际足联主席的雷米特不得不动用私人关系发出邀请,老雷利用自己的三寸不烂之舌,成功说服比利时、法国、罗马尼亚和南斯拉夫同意参赛。

经过重重磨难,13支代表队在7月13日这一天齐聚蒙德维的亚,举行了首届世界杯的分组抽签。由于参赛队数目的因素,在分组上,将不得不出现一个四队小组,这意味着该小组的球队要比其他三组多赛一场,成为名副其实的"死亡之组"。阿根廷队非常不幸地落入该组,跟法国队、墨西哥队和智利队同组。这一结果引来了阿根廷方面的强烈不满,多年之后,阿根廷媒体在提起此事时仍心存芥蒂。有评论家表示:"分组抽签向来都是有说不清道不明的东西存在的,东道主永远不可能被分入'死亡之组'。"

阿根廷人坦然接受了这一结果,他们的世界杯首战对手是"高卢雄鸡"——法国队,比赛在7月15日这天打响。第81分钟,阿根廷头号球星路易斯·蒙蒂攻入队史世界杯首粒进球,1比0领先对手。随后,争议的一幕上演,法国队前锋马塞尔·朗基勒在常规时间结束前6分钟打进一球,但主裁判离奇地在皮球入网前吹哨结束比赛。此举引来了法国队的抗议,裁判迫于压力,不得不宣布比赛恢复进行,但进球依然无效。比赛重开之后,法国队没能再获得破门机会,阿根廷队以1球小胜,取得世界杯首战开门红。

阿根廷队小组赛第二战的对手是墨西哥队,双方在7月19日展开争夺,传奇射手斯塔比莱上演"帽子戏法",中场大将苏梅尔苏"梅开二度",前锋巴拉略也攻入一球,阿根廷队以6比3战胜对手，取得小组赛两连胜。同样，这场比赛也留下了颇具戏剧性的小插曲。斯塔比莱的"帽子戏法"在赛后被国际足联记录为世界杯历史上的首个"帽子戏法"，但76年后，国际足联宣布将1930年7月17日，美国球员汤姆·弗洛雷的进球改为巴特纳乌德所有，如此一来，后者就成了首位在世界杯决赛场上上演"帽子戏法"的球员，斯塔比莱的纪录，惨遭剥夺。

小组赛最后一场比赛，斯塔比莱再入两球，力助阿根廷队以3比1轻松击败智利队，以三连胜稳居小组头名。按照当年赛制，4个小组的第一名直接晋级半决赛，阿根廷队得以顺利同美国队会师，而另一边，乌拉圭队和南斯拉夫队也如约会师。

两场半决赛并没有呈现出白热化的竞争态势，强大的阿根廷队和乌拉圭队以相同的比分（6比1）摧毁各自的对手，双方再次站在决赛之巅。

7月30日，乌拉圭首都蒙德维的亚中央纪念体育场，将产生世界杯历史上的首个冠军。拉普拉塔河岸的世纪宿敌——阿根廷队和乌拉圭队，为了这场决战摩拳擦掌。阿根廷方面动用了十艘船来运送本国球迷，但这根本不够用。约两万阿根廷人从全国各地涌

向拉普拉塔河口，他们有的乘坐球迷自发组织的船只，横跨大江，抵达对岸的蒙德维的亚，为主队加油助威。

双方球迷在球场内不断地寻找武器，氛围火爆至极，令当值主裁判朗格努斯不得不购买人寿保险以求自保。更滑稽的是，他甚至要求组委会在赛后一小时内在港口安排好船只，以便自己可以随时脱险。剑拔弩张的态势近乎失控，乌阿两国在赛前的比赛用球上也发生了争执，他们都希望用自己带来的皮球，双方争执不下，最后国际足联被逼介入调停，通过抛硬币的方式决定上半场用阿根廷队的球，下半场则用乌拉圭队的。

两名队长纳萨奇和费雷拉分别率领乌拉圭队和阿根廷队入场，随着比利时主裁判朗格努斯鸣响开场哨，世界杯史上的第一场冠亚军决赛正式打响。

主场作战的乌拉圭队率先进入比赛状态，第12分钟，多拉多劲射破门，乌拉圭队以1比0取得领先。不甘落后的阿根廷队在8分钟后扳平比分，佩乌塞勒接队友妙传后突破防守队员破门，1比1平。第37分钟，阿根廷队的射手斯塔比莱为球队打进反超比分的1球，但乌拉圭队球员认为斯塔比莱越位在先，向主裁判发出抗议，朗格努斯在现场震天的嘘声中顶住压力坚持判定进球有效，阿根廷队在上半场建立2比1的领先优势。

下半场，比赛用球更改，乌拉圭队自带的皮球仿佛被施了魔法，塞亚、伊雷亚特和"独臂射手"卡斯特罗各入一球，乌拉圭队以4比2逆转阿根廷队，加冕首个世界杯冠军。

赛后，主裁判朗格努斯为了避免遭受阿根廷球迷的袭击，在乌拉圭警察的保护下奔向在港口提前准备好的小船，成功溜走。

决赛的影响是全方位的，乌阿两国因此交恶，乌拉圭人在夺冠后欢呼雀跃，走上街头游行狂欢，而失意的阿根廷人则到处寻衅滋事发泄不满。一位情绪失控的阿根廷青年用石头袭击乌拉圭驻阿大使馆，招致警察还击，双方互不示弱，终于导致事态扩大，"乌阿争端"最终导致两国足协断交长达5年之久。

尽管痛失冠军，但阿根廷中锋斯塔比莱在首届世界杯上大放异彩，他在5场比赛中攻入8球，荣膺世界杯历史首个金靴奖。

倔强的雄鹰 /1934 年意大利世界杯

以输给死敌的方式痛失世界杯冠军,无异于给野心勃勃的阿根廷队当头棒喝,而从此之后,厄运则诡异地缠上了"潘帕斯雄鹰"。从 20 世纪 30 年代初到 70 年代初,整整 40 年的时间跨度里,"蓝白军团"一直在世界足坛顶级豪门的争夺中缺席,这一方面跟当时波诡云谲的时代形势有关,另一方面也跟阿根廷足球的战术理念有关。

即便如此,倔强的雄鹰仍旧不愿低头,他们拒绝迎合欧洲足球强调对抗、重视防守的战术思潮,坚持高举进攻大旗。1934 年世界杯到来之前,阿根廷队也曾野心勃勃地畅想能够夺回属于自己的荣耀,但这届在意大利举行的大赛,从一开始就被贴上了"政治化"的标签。阿根廷不幸成为了墨索里尼政府"阴谋论"的受害者。

意大利为了备战本土举行的世界杯,从南美强行挖走了多位颇具实力的球星,其中就有代表阿根廷队出征 1930 年世界杯的中场核心——有着"屠夫"之称的路易斯·蒙蒂。乌拉圭世界杯结束后的第二年,蒙蒂远赴意大利,加盟尤文图斯队,成为"老妇人"的中场指挥官,他凭借出色的表现赢得意大利队主帅波佐的赏识,时任意大利独裁领袖墨索里尼出面斡旋,成功诱使蒙蒂更改国籍,成为意大利国家队的主力。

事实上,关于蒙蒂"叛变"的细节,多年之后被陆续披露。早在 1930 年世界杯上,这位才华横溢的阿根廷中场核心就已经被墨索里尼政府盯上。阿根廷队之所以在决赛输给乌拉圭队,与蒙蒂赛前收到"死亡威胁"而状态全无有直接关系,而策划这份死亡威胁的幕后推手正是墨索里尼的特工团队。他们的目的很明确:1、阿根廷这个拥有众多意大利移民的国家不能夺冠;2、不惜一切代价将蒙蒂归化。

除了蒙蒂,奥尔希和瓜伊塔也被意大利成功罗至麾下,阿根廷队实力遭受重创,他们最终派出了一支二流队伍奔赴亚平宁,结局便可想而知。这届世界杯全部采用淘汰赛形式,16 支参赛队捉对厮杀,阿根廷队首战便以 2 比 3 不敌北欧强敌瑞典队,只踢一场球即打道回府。

而他们的"叛将"蒙蒂,则随意大利队一路过关斩将,最终决赛上以 2 比 1 逆转前捷克斯洛伐克队,夺冠成功。世界杯赛结束后,国际足联针对蒙蒂改籍参赛的行为出台了新规,要求球员只能代表一支国家队参加世界杯。蒙蒂便成为世界杯历史上唯一一位代表不同的国家队参加过两届世界杯决赛的球员。

虽然阿根廷队在意大利世界杯上成绩惨淡,但他们的国内联赛却如火如荼地举办,在美洲杯赛场上,"蓝白军团"也取代乌拉圭队成为新的霸主。1937年阿根廷队夺取美洲杯冠军,开创了国家队史上的第一个黄金时代。此后,"蓝白军团"相继在1941年、1945年、1946年和1947年4次折桂美洲杯。所以1938年世界杯,阿根廷队志在必得,他们提出与乌拉圭队一起联合主办,并建议世界杯在南美和欧洲轮流主办。只可惜,国际足联否决了阿根廷方面的提议,并将主办权交给了法国。阿根廷政府对此大为恼火,决定退出这届杯赛,他们没有赶在报名截止日前提交参赛申请,国际足联为此特意开绿灯,允许阿根廷队延期提交注册,但"潘帕斯雄鹰"展示出了自己不屈的个性,坚决不派队出征。

就这样,阿根廷队错过了"二战"爆发前的最后一届世界杯,他们再次与世界杯结缘,已经是12年后的1950年。1946年7月,国际足联在卢森堡召开历史性会议,决议恢复世界杯赛,并将奖杯命名为雷米特杯。"二战"后的首届世界杯,举办地定在巴西。但那些年里,阿根廷与巴西两国交恶,两国足协也矛盾重重,巴西足协曾明令禁止本国球队与阿根廷队交手,阿根廷足协也在1949年自发抵制了在巴西举办的美洲杯。

与此同时,1950年是阿根廷时任总统庇隆将军执政的第5个年头,他希望阿根廷队在这届大赛上赢得冠军,来为自己的连任造势。但彼时的巴西队正值巅峰,庇隆将军咨询了身边的助手,问球队有没有把握战胜"桑巴军团"夺冠,助手给出的答

复却是"很难"。

既然不能保证夺冠,也就没有派队出征的必要了,庇隆将军下令阿根廷队不参加巴西世界杯。这一出于政治考量而做出的决定,并没有让阿根廷球员感到信服。事实上,当时的阿根廷队人才济济,即便是后来名震天下的迪·斯蒂法诺都无法在国家队赢得一席之地。球队主帅是 1930 年世界杯最佳射手斯塔比莱。而球队当年的左边锋埃斯拉·苏埃德回忆起这次抵制事件时说:"其实我们的状态很好,我们有非常出色的球员和教练,我们在 1945 年、1946 年和 1947 年美洲杯上不败夺冠,毫无疑问,我们能在世界杯赛场上与任何对手抗衡。"

政治左右足球,在那个年代是常有的事儿,阿根廷队连续错过 1938 年和 1950 年两届世界杯,完全是由于本国足协和政府的独断行径。1938 年世界杯申办流产之后,阿足协断绝了与国际足联及其下属组织的一切联系,他们连续在 1949 年、1950 年和 1953 年,抵制了美洲杯和世界杯。1954 年世界杯,阿根廷还是没有派球队参赛,因为当时国内政治局势动荡,阿根廷政府完全没有精力去管足球上的事。直到 1955 年,阿根廷足协才恢复与南美足联和国际足联的关系,长达 17 年的"冷战"结束,阿根廷国家队也得以重返国际大赛。

从 1938 年到 1954 年,阿根廷队连续缺席 3 届世界杯赛,政治干预足球,成为阿根廷人永远的痛。由于阿根廷足协与政府的紧密关系,使得足球始终无法成为独立的文化,加之 20 世纪四五十年代,阿根廷政坛动荡,每一届政府都对足球拥有如出一辙的控制欲。时至今日,阿根廷的足球史学家也认定,阿根廷队长达近 20 年从国际足球大家庭中缺席,是政府粗暴干预的恶果。

第一章/巨人进击　　ARGENTINA NATIONAL FOOTBALL TEAM

归来/1958年瑞典世界杯、1962年智利世界杯

1955年，与国际足联"破镜重圆"的阿根廷，宣布参加在智利举办的第23届南美足球锦标赛（美洲杯）。由于玻利维亚队、哥伦比亚队和巴西队全部弃权，阿根廷队得以轻松夺魁，第10次加冕桂冠。

彼时的阿根廷队实力不俗，在重返国际大赛之后，展现出了强劲的势头，成为美洲杯十冠王后，他们又在1956年和1957年的美洲杯上接连斩获季军和冠军，风头一时无两。显然阿根廷足协对于1958年在瑞典举行的世界杯格外重视，他们迫切需要证明点什么。

瑞典世界杯预选赛上的阿根廷队，的确不辱使命，他们与玻利维亚队和智利队同组。不过，首战做客海拔3600米高原对阵玻利维亚队，"蓝白军团"无法克服高原作战的困扰，以0比2失利。好在，随后客场挑战智利队，阿根廷队很好地调整了状态，以2比0战胜对手。回到主场，"潘帕斯雄鹰"没有再给两个对手任何机会，干净利落地以两个4比0横扫对手，昂首出线，时隔24年重回世界杯决赛圈。

美洲杯的3年2冠，世界杯预选赛的轻松出线，使风头正劲的阿根廷队被视为瑞典世界杯的夺冠大热门，尤其是1957年美洲杯夺冠后，当时阿根廷国内最出色的三位球员——马斯基奥、安东尼奥·安赫利略和奥马尔·西沃里先后登陆亚平宁半岛，很快在意甲联赛刮起了一阵"阿根廷热"，马斯基奥在博洛尼亚队、亚特兰大队和国际米兰队都留下过足迹；安赫利略曾是国米的前场杀器；西沃里则是"斑马军团"的传奇10号。

阿根廷球迷有理由相信，他们的球队将会在重返世界杯后的首届大赛上技惊四座，但遗憾的是，时任国家队主教练斯塔比莱并没有将马斯基奥、安赫利略和西沃里招入球队。因此亮相瑞典世界杯决赛圈的阿根廷队，实力大打折扣，而雪上加霜的是，他们所处的分组，是本届世界杯公认的"死亡之组"：与联邦德国队、前捷克斯洛伐克队和北爱尔兰队同处一组。

已经有24年未征战世界杯决赛圈的"潘帕斯雄鹰"，在6月8日的首战就遇到上届冠军——联邦德国队，阿根廷队显然不太适应欧洲顶级球队的攻防节奏，他们以1比

3输掉比赛。第二场小组赛,"蓝白军团"以3比1赢了北爱尔兰队,避免了提前出局的危险,但好景不长,小组赛末战,捷克斯洛伐克队赠了高傲的阿根廷人一场6比1的脆败。这场比赛,给阿根廷队的世界杯史上留下"遗臭万年"的骂名,被视为队史最耻辱的失利。

1胜2负的"蓝白之师",小组排名垫底,惨遭出局。这让原本夺冠呼声甚高的他们颜面扫地,由于死敌巴西队在本届大赛上风光无限,首次捧起世界杯冠军奖杯,阿根廷球迷愈发觉得难以接受。他们自发组织起了大批球迷,准备在国家队返回布宜诺斯艾利斯时实施暴力接机,提前得知消息的阿根廷政府不得不安排警力将机场戒严,等球队落地之后,迅速将主帅和队员隔离保护。

阿根廷队门将马德奥·卡里佐在多年后回忆起1958年世界杯时仍心有不甘,他将球队的失利归咎于阿足协对欧洲足球的应对乏术。"我们对欧洲人是如何踢球的毫无概念,简单点说,我们太落后了,"卡里佐说,"我们当时在南美赢得太轻松,但对欧洲足球了解得太少,教练组从来没跟我们讲过任何欧洲球队的作战风格,更别提什么影像资料了。"

故步自封,任重道远,阿根廷足球距离世界顶尖水平尚有距离,但领导者拒绝反思,这让他们在此后的很长一段时间里举步维艰。

进入1962年世界杯备战周期,"蓝白军团"再一次重复了上届的悲剧。这一届世

第一章 / 巨人进击

界杯回到了南美洲,阿根廷原本是最有希望赢得主办权的国家,但遭受地震打击的智利却博得了国际足联的同情。智利足协主席在申办中说出了一句感动所有人的话:"我们什么都没有了,我们不能再失去世界杯。"于是,第七届世界杯足球赛落户智利。

阿根廷队的预选赛之路非常简单,他们只需跟厄瓜多尔队踢两回合的比赛,即可决定是否入围决赛圈。1960 年 12 月 4 日,阿根廷队做客厄瓜多尔的平原城市瓜亚基多挑战对手,轻松地以 6 比 3 获胜。12 月 17 日,双方第二回合较量移师布宜诺斯艾利斯,阿根廷队又以 5 比 0 大胜,挺进世界杯决赛圈。

在邻国智利的世界杯赛上,运气依旧选择不站在阿根廷队这边。在分组抽签时,阿根廷队又一次落入"死亡之组"——与英格兰队、匈牙利队和保加利亚队这三支欧洲强队同组。这几乎可以看作是欧洲足球队对美洲冠军队的围剿,一向对欧洲足球缺乏认知的"潘帕斯雄鹰",在三场小组赛中的表现乏善可陈,再度暴露出他们与国际先进足球技术脱轨的症结。

阿根廷队首战的对手是小组实力最弱的保加利亚队,他们确实也没有让胜利旁落,以 1 比 0 旗开得胜。但次战英格兰队,阿根廷人便开始失去对比赛的控制,面对以高强度对抗和快速转换为特点的英式足球,阿根廷队崇尚技术流派的打法被全面压制,1 比 3 的比分让阿根廷人输得心服口服。最后一场比赛的对手匈牙利队,是公认的本届大赛的夺冠大热,综合实力更是强过英格兰队。阿根廷队拼尽全力也未能带走胜利,0 比 0 的比分保持到终场。

小组赛三战,阿根廷队和英格兰队都是 1 胜 1 平 1 负积 3 分,但英格兰队以 +1 个净胜球的优势力压 −1 个的阿根廷队,以小组第二出线,"蓝白军团"只能接受连续两届世界杯小组赛后即告出局的命运。

阿根廷队前锋圣菲利波在他的《回忆录》中,将球队在智利世界杯中的失利定义为"战术的失误","球队主帅洛伦索在排兵布阵上的大意和误判,导致阿根廷队在同英格兰队一役中颇为被动。洛伦索错误地认为只靠一个人就可以盯死英格兰传奇球星博比·查尔顿,但最终事与愿违。"

连续两届世界杯的提早出局,让阿根廷队开始反思自己与欧洲顶级球队的差距,尤其是他们重攻抑守的传统套路,已经在两届大赛中被认定为死路一条。一味地倔强和盲目地坚守,只会让阿根廷足球与现代足球发展的方向背道而驰,唯有改变,才是他们的出路。

折翼 /1966年英格兰世界杯

1966年，世界杯首次回到现代足球的发源地——英国，但雷米特金杯却在3月份的巡回展出中意外被盗，让主办方颇为尴尬。幸好，一周之后一只名叫"皮克勒斯"的狗在伦敦南部的一个灌木丛中找到了金杯，狗的主人为此得到53英镑的奖金，而皮克勒斯也得到了一块肉骨头的奖励。据分析，窃贼是迫于全民皆兵的压力才不得不把"战利品"遗弃，而这只狗顿时成为国家英雄，唯一的遗憾是窃贼至今仍逍遥法外。

这届世界杯中，更强调防守的整体性足球占据了上风，个人天赋更多地让位于战术安排，像1954年匈牙利队、1958年和1962年巴西队那样的华丽流派变得罕见。由于前两届的失败，阿根廷队在远征英伦的1966年世界杯上，也开始变得相当低调，不再一味地奉行对"传统技术流派"的坚守。

"蓝白军团"在本届世界杯预选赛上的征程非常轻松，他们只需战胜巴拉圭队和玻利维亚队，即可赢得入围决赛圈的名额。比赛过程没有任何悬念，阿根廷队先是在主场以3比0战胜巴拉圭队，随后次回合客场收获0比0的平局。而与玻利维亚队的两回合比赛，阿根廷队先后取得了4比0和2比1的胜利，昂首挺进不列颠群岛。

值得一提的是，阿根廷队在英国世界杯备战周期中使用了两名主教练，率队参加预选赛的是米里内利，而出现在决赛圈指挥席上的则是上届主帅洛伦索。阿根廷足协给出的理由是洛伦索拥有更加丰富的世界杯执教经验，而且他在队内威望极高，更适合主教练之职。

上届世界杯的惨败对于洛伦索而言，可谓触目惊心，欧洲足球对于南美传统技术流派的压制，依旧历历在目，于是在远征英伦之前，洛伦索就决定改变球队的打法，他排出了"433"的保守阵型，在比赛中更注重防守。然而，稳固后防付出的代价，就是阿根廷队中场变得格外空虚，前锋线上缺少接应和支援，整体进攻呈现断层。

更加不幸的是，阿根廷在本届世界杯分组中再次落入"死亡之组"，他们的同组对手是联邦德国队、西班牙队和瑞士队，和上届小组赛的态势如出一辙，又是一出"欧罗巴围剿潘帕斯"的大戏。

第一章／巨人进击　　　　　　　　　　　ARGENTINA NATIONAL FOOTBALL TEAM

不过，有了连续两届提前出局的教训以及洛伦索"功利主义"的战术应变，阿根廷队在小组赛中还是呈现出让人耳目一新的感觉。7月13日，他们在小组赛首战中以2比1力克西班牙队，取得开门红。7月16日的第二场比赛，他们与强大的联邦德国队0比0握手言和。而在三天后的最后一场比赛中，"潘帕斯雄鹰"又以2比0击败瑞士队，

以2胜1平的不败战绩从小组出线。他们仅仅是以净胜球的劣势位居第二，联邦德国队则排在第一名。

连续从世界杯小组赛阶段出局的尴尬纪录终于被终结，阿根廷队挺进8强，在1/4决赛中与东道主英格兰队狭路相逢。这是两队连续两届世界杯相遇，上届世界杯赛中，正是洛伦索的错误布阵，导致球队吞下1比3的失利。而这一次，阿根廷队显然是有备而来，他们的眼中充满了复仇的怒火。

"潘帕斯雄鹰"的确是更快进入比赛状态的一方，整个上半场，他们很好地掌握住了比赛的节奏，将皮球稳稳地控制在自己的脚下，只是欠缺了临门一脚的运气。0比0的比分，让得势不得分的阿根廷人感到沮丧，当然，更令他们沮丧的是队长安东尼·拉廷在第36分钟被驱逐出场了。

洛伦索在赛前的战术安排中，让队长拉廷负责扫荡中后场，拉廷在比赛中频频地以凶狠铲断和踢人来对付对手，由于动作粗野，他很快被裁判盯上。在一次对博比·查尔顿的上抢防守时，拉廷就收到了裁判的警告（当时尚未引入红、黄牌）。比赛第36分钟，

39

拉廷再次凶狠地对赫斯特犯规,当值主裁德国人克雷特莱恩鸣哨判给了英格兰队一个任意球,拉廷表示不满,率队友围着主裁判抗议,被惹火的克雷特莱恩示意拉廷被罚出场。德国人后来在回忆中解释道:"我看到了不当行为,所以我意识到我已经被侮辱了。"有趣的是,克雷特莱恩并不会讲西班牙语,而拉廷既不会英语也不会德语。拉廷对于判罚表示不服,要求翻译下场来与裁判沟通,并拒绝离场导致比赛中断了长达6分钟40秒,最后他不得不在警察的护送下离开球场,愤怒的拉廷边走边不停咒骂裁判,还用角球区的英国国旗擦手,而现场的英格兰球迷则高声叫骂"野兽"、"畜生"。

队长被驱逐,阿根廷队在下半场状态全无,而英格兰队则开始发起猛攻。第78分钟,赫斯特打进决定性的进球,以1比0淘汰了阿根廷队。这场比赛剑拔弩张的态势,让英阿两国成为世界杯上的宿敌,赛后,阿根廷方面表示赫斯特的进球越位在先,应判无效,而且在驱逐拉廷的判罚上也存在很大争议,是英格兰人和德国人通过克雷特莱恩的阴谋将球队做掉了。

对于这场火爆的比赛,双方的参赛球员都颇有微词,英格兰队方面,博比·查尔顿回忆道:"他们(阿根廷队)的目的就是不让你得球,而不管采用什么手段。"科恩则对阿根廷球员的小动作印象深刻:"他们不停地向你吐口水,揪你的头发,抓你的耳朵。"而阿根廷队长拉廷则

说:"大家的火气都很大,我们也不好惹,英格兰队也有斯泰尔斯这样的硬汉。如果我能说几句德语也不会被罚出场。我只想解释一下,但结果却被罚出场。我指着自己的袖标,把'我希望解释一下'这句话说了不下二三十遍。"事实上,克雷特莱恩本场的判罚并不偏颇,德国裁判判罚阿根廷队犯规 19 次,而主队英格兰队犯规次数高达 33 次。比赛结束后,阿根廷队球员不仅围攻主

裁判,还前往英格兰队更衣室挑事,而英格兰队主教练拉姆塞则阻止了科恩与阿根廷队球员内萨雷交换球衣。

挺过阿根廷队疯狂的围追堵截后,英格兰队以极富戏剧张力和传奇色彩的方式在本土夺冠,阿根廷人则失望而归,只能将目光投向下一个 4 年之约。阿根廷队中卫佩尔福莫认为球队的失利很大程度上要归咎于准备工作不到位,他还指出了球队目前存在非常严重的内部矛盾,只是队中有几位老队员很好地镇住了局面,才没有导致球队在英国提前出局。"虽然我们输掉了世界杯,但这支阿根廷队永远留在了人们的记忆中,"佩尔福莫说,"在我个人的球员生涯中,那是一次永远难忘的经历。"

是的,难忘的只是旅程的艰辛,至于结局,所有的阿根廷人都不愿提及。世界杯已年近不惑,但心怀冠军梦想的"潘帕斯雄鹰"仍然无法触及那尊金光闪闪的雷米特金杯。他们还在路上,而光明,就在前方。

第二章
蓝白怒放

1970　1982

阿根廷，别为我哭泣 / 1974年联邦德国世界杯

梦碎英伦，让阿根廷足协再一次意识到与欧洲足球的巨大差距，但这种危机意识并没有转化为改革动力。阿根廷足球在1970年墨西哥世界杯的备战周期里依旧浑浑噩噩，他们这一次干脆倒在了预选赛阶段，这是阿根廷足球历史上唯一一次在预选赛上折戟。

足协糟糕的组织工作，在球队从踏上预选赛之路伊始就埋下隐患。阿根廷队首战客场挑战玻利维亚队，由于球队不适应高原作战，无法施展流畅的传接球配合，他们以1比3败下阵来，而且还折损了中场核心球员拉廷。第二场比赛，阿根廷队又在客场遭遇秘鲁队的强力抵抗，以0比1败北。

两连败，对于阿根廷队的出线形势而言，已经是岌岌可危，他们唯有在回到主场后全胜，方可获得一线生机。"潘帕斯雄鹰"以1比0击败玻利维亚队，让出线的希望之火重燃，最后一战秘鲁队，他们只要获胜，就可以获得踢附加赛的机会。但努力了整场的"蓝白军团"还是被顽强的秘鲁队2比2逼平，就此告别墨西哥世界杯。

事实上，阿根廷足协在这届世界杯的前期备战中明显有心无力，在教练的选择上，足协没有拿出可行性的方案，只是大赛临近时才慌慌张张地任命了马斯基奥为球队主帅，但后者毫无执教经验，率队连友谊赛都踢不好。无奈之下，佩德内拉走马上任，率队前往玻利维亚开始预赛之旅。后来的结果证明，阿足协的这步棋还是走错了。羸弱的中场配置，导致阿根廷4场预选赛踢得毫无章法，进攻乏力，只打进了4球。

阿根廷门将塞哈斯在谈到球队的失利时一针见血地指出："阿根廷足协的组织系统实在是烂透了，临场换帅，对球队造成的伤害太大，我们最终连出线权都没获得。"不过，塞哈斯也认为这次惨败给阿根廷足协敲响了警钟，他们不得不在接下来的世界杯备战周期里优化自己的组织系统。

当然，真正刺激到阿根廷足协的，是死敌巴西队在1970年世界杯上第3次夺冠，从而永久拥有雷米特金杯。也正是在这一年，一个10岁的阿根廷少年第一次走进阿根廷青年人俱乐部的少年队试训，并凭借出色的表现赢得教练的青睐。这个少年，就是日后名声大噪的"球王"——迭戈·马拉多纳。

但在那个年代,"球王"的称号只属于贝利,全世界都在膜拜这个三次率队站在世界杯顶点的巴西巨星。阿根廷人必须想办法打破这种垄断,完成对死敌的超越。

吃一堑,长一智。折戟1970年世界杯预选赛的悲剧没有再上演,1974年联邦德国世界杯预选赛开始前,阿根廷队便做好了备战工作。他们再次与玻利维亚队同组,但这一次,"潘帕斯雄鹰"提前两个月就来到了位于玻利维亚边界的海拔3400米的拉奎亚卡小镇进行适应性训练,他们要为克服高原作战的痼疾而努力。

首场预选赛,阿根廷队在布宜诺斯艾利斯以4比0大胜玻利维亚队,取得开门红。第二场比赛,他们抵达玻利维亚高原,立誓一雪前耻。这一次,适应性训练收到了奇效,阿根廷队1比0再胜对手,取得两连胜。而在与同组另一个对手巴拉圭队的比赛中,阿根廷队两回合分别收获1比1和3比1。预选赛3胜1平,不败收官,昂首出线。

1974年世界杯,首次采用了三阶段赛制,第一阶段16支球队先分成四组进行单循环小组赛,每个小组的前两名晋级8强。第二阶段,8支球队再分成两个小组进行单循环比赛,每个小组的第一名晋级决赛,第二名参加三四名决赛。与此同时,由于巴西队在上届大赛中夺冠而永久保留雷米特杯,国际足联不得不设计了一款全新的冠军奖杯,也就是我们现在俗称的"大力神杯"。

阿根廷在第一阶段抽签分组中,与波兰队、意大利队和海地队同组,首场比赛在6月15日举行,野心勃勃的"蓝白军团"却被对手3比2击败,出师不利。6月19日,阿根廷队与两届世界冠军意大利队狭路相逢,双方苦战90分钟,1比1握手言和。两战1负1平,阿根廷队出线形势堪忧,他们必须在最后一战中大比分战胜海地,才有机会出线。面对同组最弱的对手,"潘帕斯雄鹰"以4比1大胜。如此一来,波兰队三战全胜积6分小组第一出线,阿根廷队和意大利队均为1胜1平1负,积3分,净胜球同为1个,但阿根廷队总进球数比意大利队多一个,所以幸运地

以小组第二的身份出线，晋级8强。

第二阶段循环赛，阿根廷队与全盛时期的荷兰队、上届冠军巴西队和民主德国队同组，第一阶段小组赛里状态大热的"蓝白军团"，在强大的对手面前好运不再。6月26日，他们首战就被"橙衣军团"以4比0横扫；4天后，阿根廷队又以1比2输给死对头巴西队，出线无望。而更令"潘帕斯雄鹰"感到绝望的是，在与民主德国队比赛的前一天，阿根廷总统庇隆将军逝世。

噩耗传来，举国悲恸，远在德国征战的阿根廷队深感悲伤，他们向国际足联提出延后比赛的请求，希望能够为仙逝的将军举办哀悼会，但国际足联断然拒绝这一要求，因为这样会影响接下来的赛程安排。于是第二天，比赛如期进行，阿根廷队员们情绪低落，看台上的阿根廷球迷也完全没有看球的兴致，双方苦战90分钟后，以1比1握手言和。

两负一平的阿根廷队，最终在第二阶段循环赛中排名垫底，未能进入前4名。高举"全攻全守"大旗的荷兰队与东道主联邦德国队会师决赛，最后东道主凭借主场之利力挫强敌，捧起了第一座大力神杯。

虽然阿根廷队在那届世界杯上的表现已明显优于往届，但面对巅峰的荷兰队和死敌巴西队，他们还是吞下了败仗，加之国家领袖的猝然离逝，导致"蓝白军团"又一次铩羽而归。率队出征的主帅卡普，有意地在模仿欧洲时下流行的"433阵型"，但由于适应时间较短，他们的中场控制无比乏力，后场也相对空虚。主力后腰特尔奇表示："我们的准备还是不够充分，全队实际上是踩着石头在过河，组织工作也比较混乱。"

"阿根廷，别为我哭泣，事实上，我从未离开你，即使在我狂野不羁的日子里，我也承诺不离开你！"麦当娜的歌声飘荡在柏林上空，踏上回国飞机的阿根廷球员，脸上写满了忧伤，但正如歌中那句经典的"阿根廷，别为我哭泣"所传唱出的意境一样，他们对于最初的梦想坚守如一，时间会证明一切，因为下一个4年，冠军之花终会绽放。

第二章 / 蓝白怒放　　　　ARGENTINA NATIONAL FOOTBALL TEAM

我的地盘 / 1978年阿根廷世界杯

从1934年开始，阿根廷就一直想申办世界杯，但几经波折，实难如愿。皇天不负有心人，阿根廷最终赢得了1978年世界杯的主办权，这将是世界杯第一次来到潘帕斯草原，"蓝白军团"盼到了在主场捧起大力神杯的机会。

这是一届话题性与争议性并存的世界杯，从主办权落于阿根廷开始，这届大赛就被蒙上了一层阴影。一切要从阿根廷当时动荡的国内局势说起。1974年，庇隆将军离世，他的遗孀伊莎贝尔成为阿根廷新任总统。这位世界历史上首位女性总统，并没有解决好国内的诸多问题，以至阿根廷反政府势力风起云涌。1976年3月24日，右翼军人发动军事政变，魏地拉将军成为新总统，并将伊莎贝尔囚禁5年。军政府采用政治高压政策，对持不同政见者予以残酷镇压，众多阿根廷民主志士惨遭逮捕。为此，魏地拉执政时的政府在多地开设集中营，囚禁反政府人士，其中最著名的一座集中营名叫"ESMA"，它就建在位于河床俱乐部著名的纪念碑体育场附近。

政权的更迭使得国家彻底混乱，除了严酷镇压和迫害反对派，非法武装犯罪团伙也趁机翻江倒海、杀人越货。据统计，自1976年到1983年约3万多各界人士死于非命，阿根廷世界杯组委会主席奥马尔·阿克蒂斯便是其中之一。

1976年8月19日，世界各大通讯社记者齐聚首都布宜诺斯艾利斯，参加世界杯筹办进度的新闻发布会，按照原定计划，阿克蒂斯将向全世界宣布阿根廷对于世界杯的准备情况。然而，在约定时间到来之际，阿克蒂斯却没有现身，整个会场一片哗然。许多记者考虑到当时阿根廷国内局势的动荡以及大批政商界人士遭遇绑架、暗杀的事件，隐约感觉大事不妙。

事实上，同年5月18号，曾在阿根廷担任议员的米切利尼和雷耶兹遭到绑架，4天后他们的尸首才被发现。在新闻发布会举行前的两天，两名阿根廷激进党议员也被绑架，整个国家处在一种高压的政治恐慌之中。而对于此类事件，各地的警察也无能为力，因为即便是他们也曾被武装人员枪杀过。几天之后，阿克蒂斯的尸体被找到，世界杯组委会主席竟然被反政府势力暗杀了。

47

如此混乱的局势引起了全世界的关注，有人甚至给国际足联发函质疑："阿根廷到底能不能办好世界杯？"

魏地拉执政时的政府对于举办世界杯的渴望无比迫切，早在庇隆执政时期，他们就试图通过主办世界杯来提升军方在国内的威望，而且新一届政府通过政变上台，国内矛盾激化，魏地拉也希望用一届成功的世界杯来转移国内外的注意力。但是，反动势力猖獗，导致世界杯的筹办工作受到冲击，阿根廷高危的局势也迫使许多巨星宣布拒绝参赛，其中就包括如日中天的"一代天骄"克鲁伊夫。

为了挽回不良形象，保证世界杯顺利举办，阿根廷政府向国际足联承诺，世界杯的筹办不会受到任何影响，他们将不惜一切代价保障各参赛队伍的安全。除此之外，阿根廷政府还将投入7亿美元建设彩色电视转播中心，让全世界的球迷都能欣赏世界杯的盛况。阿克蒂斯被暗杀之后，阿根廷政府开始着手对策划该事件的激进组织"曼托内洛斯"予以打击。就在阿克蒂斯遇害后的第二天，布宜诺斯艾利斯以北70公里处惊现39具尸体，场面之恐怖，令人胆寒，据报道，这是军政府实施报复性打击的第一步。

此后，"曼托内洛斯"遭到了军政府更为血腥的镇压，短短半年时间，这个原先拥有7000余人的激进组织只剩1600人，而且绝大多数流亡海外。1977年，"曼托内洛斯"

第二章 / 蓝白怒放　　　　　　　　ARGENTINA NATIONAL FOOTBALL TEAM

核心组织成员逃亡巴黎,并在不久后被逮捕,从此一蹶不振。阿根廷政府的铁腕政策确保了 1978 年世界杯的正常举办,而且在整个赛事进行过程中,没有再出现严重的骚乱。

魏地拉内阁之所以如此强势,源于他们对于主场夺冠的渴盼,他们授意阿根廷足协在备战中不惜一切代价,无论是阵容选材还是适应性训练,都必须高规格对待。从 1974 年开始,阿根廷足协的筹备工作便提上日程,前一年率领飓风俱乐部问鼎阿甲联赛冠军的 35 岁少帅梅蒂诺成为球队主教练,而在接下来的阵容组建过程中,梅蒂诺充分享有高度的自由,他可以从球队中任意挑选球员,构建自己心仪的王牌阵容。

由于贵为东道主,阿根廷队无须参加预选赛,所以他们的适应性备战训练只能通过热身赛进行。从 1978 年初开始,梅蒂诺便带领自己的班底进行集训,其中就有年仅 18 岁的马拉多纳。只可惜,在最终确定参赛大名单时,马拉多纳未能入选,梅蒂诺的理由是:"这个孩子还太年轻。"传奇队长帕萨雷拉成为这届国家队的领袖,巴伦西亚俱乐部的 23 岁的前锋肯佩斯,是队中唯一在海外联赛效力的球员。

阿根廷队在 8 场世界杯热身赛中取得 6 胜 1 平 1 负的不俗战绩,梅蒂诺打造的这套年轻的阵容,高举"433"攻击型大旗,将阿根廷传统的进攻足球演绎得淋漓尽致。他们对于在自己地盘上举办的世界杯志在必得。

1978 年世界杯的赛制与 1974 年如出一辙,同样采用两阶段循环赛,阿根廷队第一阶段与意大利队、法国队和匈牙利队同组,他们的首场比赛是 6 月 3 日,对手是匈牙利队。第一次在家乡父老面前踢世界杯,多多少少还是给"蓝白军团"的将士们带来了些许压力。比赛开始后,他们明显有些紧张,这给了客场作战的匈牙利队可乘之机,匈牙利队率先打破僵局,取得 1 比 0 的领先。

丢球之后的"潘帕斯雄鹰"如梦方醒,开始逐渐将比赛节奏掌控在自己脚下,中锋卢克和右边锋贝尔托尼先后破门,帮助

49

球队 2 比 1 逆转匈牙利队，有惊无险取得开门红。第二场比赛是在 6 月 7 日举行，对手是"高卢雄鸡"法国队，阿根廷队凭借帕萨雷拉的点球和卢克的进球，以 2 比 1 力克对手，取得两连胜。

　　由于意大利队在前两场小组赛中同样两战全胜，如此一来，阿根廷队与意大利队的第三场小组赛将决定小组第一的归属。值得一提的是，本届世界杯的比赛场地分为首都战区和罗萨里奥战区，如果阿根廷队以小组头名出线，他们将前往布宜诺斯艾利斯进行第二阶段比赛，根据同阶段各小组的形势，联邦德国队和荷兰队极有可能会出现在首都战区，而这是阿根廷队最不愿提前碰到的强敌。

　　全力争胜，力保头名，赶赴首都战区，还是消极应对，退居次席，以不变应万变？阿根廷在迎战意大利之前，已经打好了自己的小算盘，因为这里是他们的地盘，他们说了算！

第二章 / 蓝白怒放　　　　　　　ARGENTINA NATIONAL FOOTBALL TEAM

超级马里奥 / 1978 年阿根廷世界杯

阿根廷罗萨里奥，在如今的世界足坛威名显赫，因为那里是梅西的家乡，但殊不知，早在几十年前，罗萨里奥就是阿根廷球迷心目中的"圣地"，它有着"阿根廷足球摇篮"的美誉。小组赛第三战打响之后，阿根廷队明显缺乏努力争胜的欲望，他们对于输掉或者平局更渴求，而意大利队也表现出了相同的态度。

两队都不想长途跋涉到 300 公里以外的布宜诺斯艾利斯，去同联邦德国队和荷兰队绞杀。但上帝似乎更眷顾主场作战的阿根廷人，意大利队很不情愿地以 1 比 0 成全了东道主；他们小组全胜，位居第一，阿根廷则如愿获得第二。

这场比赛，成为世界杯历史上的一桩争议案件，赛后许多媒体对阿根廷队消极比赛口诛笔伐，认为他们是故意输掉比赛，以求避开德荷两大强敌。但由于双方在比赛中并没有做出违反规则的事，所以很难界定"蓝白军团"的做法是否欠妥。

"潘帕斯雄鹰"在第二阶段的分组中，与巴西队、波兰队和秘鲁队同处 B 组，相比

51

A组的荷兰队、意大利队、联邦德国队和奥地利队,他们的晋级形势显然更明朗一些。

6月14日,阿根廷队与波兰队的复赛首战打响,整个第一阶段小组赛颗粒无收的马里奥·肯佩斯终于大发神威,他包办了球队的两粒进球,阿根廷队2比0完胜对手,取得第二阶段循环赛的开门红。值得一提的是,肯佩斯是本届阿根廷国家队阵容中唯一一位征战海外联赛的球员,阿根廷足协在往届的阵容选材中一贯倾向于国内球员,但主教练梅蒂诺在组建本届国家队时,坚持要带上年轻的肯佩斯,因为他非常欣赏这名前锋的才华,"毫无疑问,马里奥的作用是无可替代的。"

虽然肯佩斯在第一阶段小组赛中未能斩获进球,但爱才如命的梅蒂诺给了肯佩斯足够的信任,他踢满了全部三场比赛,并且将全勤的纪录一直保持到最后。

6月18日,阿根廷队与死敌巴西队碰面,这是两大南美王者之间的巅峰较量。双方展开对攻战,场面节奏明快,但鏖战90分钟都未能攻破对方大门,0比0握手言和。如此一来,阿根廷队和巴西队两战均为一胜一平,积3分,但后者的净胜球比前者多1个,占据了小组头名晋级的先机,阿根廷队必须寄希望于最后一战中狂胜对手,并祈祷巴西队无法取胜或者小胜。

总而言之,冲击决赛的主动权已经不在东道主手上了。阿根廷队最后一战对阵秘鲁队,巴西队则接受波兰队的阻击。由于巴西队与波兰队的比赛提前两个半小时开打,所以这给了东道主伺机而动的机会,此举在日后亦成为争论的焦点。

巴西队以3比1击败波兰队,这样,阿根廷队必须在与秘鲁队的比赛中至少净胜4球才能确保决赛权。"蓝白军团"没有让主场球迷失望,他们赠给老邻居一场6比0的屠杀,成功赶超巴西队,晋级决赛。肯佩斯在这场比赛中"梅开二度",中锋卢克也打进两球,塔兰蒂诺和豪斯曼各入一球,阿根廷球迷的热情被这场酣畅淋漓的进球盛宴彻底点燃,他们仿佛预见了主队将在下一场比赛中成功夺冠。

伴随着欢呼雀跃的庆祝声,关于这场比赛的争论和质疑也可谓甚嚣尘上。阿根廷队与秘鲁队合谋踢假球做掉巴西队的揣测至今存在,知情人士透露,阿根廷军政府在赛前曾贿赂秘鲁队,要求他们在比赛中放水。正是由于秘鲁队的配合,阿根廷队得以收获6比0的大胜。媒体和记者也不断通过接触秘鲁队员的方式,试图挖掘出真相,当然所有人均矢口否认作假。阿根廷以"并不光彩"的方式挤掉巴西队,昂首开赴布宜诺斯艾利斯,等待他们的是上届亚军——荷兰队。

第 二 章 / 蓝 白 怒 放　　　　　　　　ARGENTINA NATIONAL FOOTBALL TEAM

　　出现在决赛场上的这支荷兰队，虽然缺少克鲁伊夫，但仍然打着"全攻全守"的烙印，"郁金香"在第一阶段小组赛中一胜一平一负，只能算中规中矩，但进入第二阶段后开始发力，5比1大胜奥地利队，2比1击败意大利队，2比2逼平联邦德国队。主教练哈佩尔延续了米歇尔斯的"全攻全守"理念，且麾下云集了内斯肯斯、伦森布林克和阿里汉等一众好手。他们绝对有实力粉碎阿根廷人主场夺冠的美梦。

　　6月25日，77260名球迷涌入布宜诺斯艾利斯纪念碑体育场，观看这场举世瞩目的世纪对决。这座体育场是阿根廷豪门俱乐部河床队的主场，兴建于1938年，是阿根廷最负盛名的足球场，同时也是国家队的第一比赛场地。

　　经典大战一触即发，阿根廷和荷兰两支当时世界足坛最具技术流派气息的球队，带来了一场意料之中的激烈绞杀。复赛里收获四球的肯佩斯，成为决赛里最耀眼的明星，率先打破僵局的也恰恰是这个长发飘飘的少年。

　　比赛第35分钟，肯佩斯带球直闯禁区，连续过掉两名荷兰队的后卫后，倒地卧射先下一城，阿根廷队在上半场以1球领先。进入下半场，荷兰队明显加强了攻势，他们在第76分钟由替补上场的南宁加反越位破门，将比分扳平。此前人声鼎沸的纪念碑球场，瞬间变得一片死寂，阿根廷球迷顿感大事不妙。重新响起呐喊声之后，阿根廷队球迷希

望主队能够再入一球,在常规时间里杀死比赛,但直到常规哨响,两队都没再进球,世界杯决赛史上的第三次加时赛来了。

加时赛的争夺,比常规时间还要紧张激烈,而阿根廷人在主场球迷震天响的加油声中极度亢奋,肯佩斯再度挺身而出,在第14分钟打进了反超比分的一球。第23分钟,右边锋贝尔托尼再入一球,彻底锁定了比赛的胜局。此时的纪念碑体育场上空,白色的纸屑漫天飞舞,形成了世界杯历史上的经典一幕。球迷们忘情欢呼,他们苦盼了48年,终于等来了世界杯冠军的降临。

终场哨响,整个纪念碑球场已经是一片欢庆的海洋,队长帕萨雷拉、肯佩斯和主教练梅蒂诺被球员们轮番抛起,那尊金光闪闪的大力神杯,也被帕萨雷拉高高举过头顶,从此,它的底座上又多了一个新的名字——Argentina。

马里奥·肯佩斯,在本届世界杯的7场比赛中踢满了全场,打进6球,是阿根廷队夺冠的最大功臣。而他也凭借出色的表现,赢得了本届大赛的金靴奖和金球奖。"毫无疑问,马里奥(肯佩斯)是我们夺冠的最主要原因,"塔兰蒂诺如是说,"他是前场决定性的人物,他的表现惊世骇俗。"

然而,低调谦逊的肯佩斯却不愿过多地去迎合球迷和媒体的热捧,尽管在夺冠之后他迅速蹿红,成为阿根廷的民族英雄,但他却谦卑地说:"我的国家能够制造一批又一批的伟大球员,我只不过是阿根廷足球历史上众多球员中很幸运的一个而已。"事实上,在参加完全队的夺冠庆祝之后,肯佩斯便驱车300公里,回到了罗萨里奥的家中,走进家门,父母正在安睡,他喝了杯热咖啡,然后就寝。

许多年之后,马拉多纳在他个人的自传中如是评价前辈肯佩斯:"一个将阿根廷写进世界足球版图的传奇巨星。"

这,就是"超级马里奥"。这,就是阿根廷足球登顶世界之巅的风雨历程。

传承 / 1982 年西班牙世界杯

　　世界杯夺冠，让阿根廷足球真正走向了世界，所以出现在 1982 年西班牙世界杯上的"蓝白军团"，胸前多了一颗金灿灿的金星，而且心底平添了几分"王者贵气"，而且从这一届世界杯开始，"潘帕斯雄鹰"还迎来了一位划时代的领军人物——迭戈·马拉多纳开始接过阿根廷足球的旗帜——站上世界杯的舞台。

　　1978 年世界杯，梅蒂诺在最终大名单敲定前决定不带马拉多纳出征，理由是"这孩子还太年轻"，为此，18 岁的马拉多纳流下了伤心的泪水，也遗憾地错过了在本土捧杯的光辉时刻。事实上，梅蒂诺并非不赏识马拉多纳的才华，相反他早早便认定这个身高只有 1.65 米的少年会成为阿根廷足球的英雄。

　　马拉多纳 17 岁就夺得阿甲联赛最佳射手，创造最年轻纪录；20 岁就率领阿根廷青年人俱乐部从联赛第 20 到前三甲。马拉多纳在 1978 年之后迅速蹿红，几乎成为家喻户晓的足球明星。1981 年，还是小马的他从青年人转会博卡青年，并在第一年就打进 28 球，率队问鼎联赛冠军。尽管他才 21 岁，但梅蒂诺已经意识到这个天才少年将成为国家队的新核心。也恰恰是在 1978 年本土夺冠后的第二年，马拉多纳率领阿根廷 U-20 国青队在世青赛的决赛中以 3 比 1 击败苏联队，夺得世青赛冠军，他也凭借出色的表现荣膺赛事最佳球员。

　　阿根廷队将进入"马拉多纳时代"，这是梅蒂诺和所有阿根廷球迷的共识。同时，作为卫冕冠军，阿根廷队直接获得了 1982 年世界杯的参赛资格，无须再通过预选赛竞争决赛圈名额。他们只需要在大赛开幕前，踢几场热身赛来保持状态即可。

　　梅蒂诺在阵容选材上没有太多的纠结，1978 年的冠军阵容足够年轻，所以出现在西班牙的阿根廷队大部分是上届大赛的主力，只是多了一个 22 岁的马拉多纳。主力阵容之中，马拉多纳占据了肯佩斯的位置，肯佩斯则位置前移，顶替了中锋卢克，球队队长还是帕萨雷拉。

　　冠军阵容保底，青年才俊入队，阿根廷队的整体实力比 1978 年更加强劲，毫无疑问，他们是夺冠大热门。但 1982 年，一场战争的爆发，让阿根廷举国惶恐，那就是震惊全

ARGENTINA NATIONAL FOOTBALL TEAM

球的马尔维纳斯群岛战争。

20世纪80年代初,阿根廷国内爆发了严重的经济危机和大规模反政府运动。1981年阿根廷通货膨胀率高达600%以上,GDP直降11.4个百分点,国内得到越来越多支持者的工联决定发动长期性大罢工,军政府受到人民的唾弃和憎恶。魏地拉总统的继任者加尔铁里,面对如此严重的经济问题和人权问题,决定通过一场战争,转移公众的焦点,缓解国内危机。而他自然而然地将战争的目标锁定在马尔维纳斯群岛,因为那是英阿两国始终以来存在主权争议的领土。

1982年4月2日,阿根廷政府出兵占领马岛,战争正式爆发。随后,英国皇家海军陆战队加入战斗,两国在经过一番激烈的争夺后,英军夺回了马岛控制权。6月14日,马岛战争正式宣告结束,阿根廷战败。

巧合的是,6月13日是西班牙世界杯的开幕日,而在大赛开打之前,阿根廷队正笼罩在战争的阴云之下,因为有传言英军打算轰炸布宜诺斯艾利斯。远征伊比利亚半岛的阿根廷国家队同样受到了很大的冲击,国家战乱,在一定程度上分散了队员们的注意力。

尤其是在世界杯开幕之后的第二天,从千里之外传来了祖国战败的消息,这对阿根廷全队上下的士气打击之大,可想而知。

事实上,阿根廷队在本届世界杯第一阶段的分组形势极佳,他们的同组对手是比利时队、匈牙利队和萨尔瓦多队,整体实力都远逊于自己。不过首战面对有着"欧洲红魔"之称的比利时队,阿根廷队就出师不利,整场比赛踢得无比沉闷,全队进攻散漫,节奏混乱,除了首登世界杯舞台的马拉多纳发挥上佳之外,其他人状态低迷。比利时队打进全场唯一进球,1比0小胜上届冠军。

1982年6月18日,阿根廷队迎战第二个对手匈牙利队,全队终于一扫首战失利的阴霾,马拉多纳"梅开二度",贝尔托尼和阿迪莱斯各入一球,"蓝白军团"以4比1大胜对手。第三场小组赛在6月23日进行,阿根廷队对阵萨尔瓦多队,面对同组实力最弱的对手,"潘帕斯雄鹰"顺利地以2比0获胜,帕萨雷拉点球破门,贝尔托尼再入一球。小组赛战罢,阿根廷队两胜一负,以小组第二名身份出线,晋级下一阶段循环赛。

从本届世界杯开始,参赛名额增加到24支球队,赛制也相应有所调整,比如进入第二阶段的球队增加到12支,将分成四个小组进行小组赛,每组第一名晋级半决赛。

第二章/蓝白怒放　ARGENTINA NATIONAL FOOTBALL TEAM

由于小组赛位列第二，阿根廷队在复赛分组中极为被动，他们跟巴西队和意大利队同组，这是由三支世界冠军组成的"绝对死亡之组"。巴西队的"黄金一代"正值巅峰，苏格拉底、济科、法尔考领衔的这届国家队是公认的队史上最华丽的"桑巴军团"。

6月29日，阿根廷队与意大利队交手，面对以擅长防守反击著称的"蓝衣军团"，"潘帕斯雄鹰"应对乏术，后防线全场都在经受对手的考验，虽然帕萨雷拉队长打入一球，但球队还是以1比2输掉了比赛。这场比赛的失利,让阿根廷队的出线形势变得极为不利，他们必须在与巴西队的比赛中大比分获胜，并祈求"桑巴军团"在最后一战中战胜意大利队，然后再通过计算净胜球和进球数，来博取出线权。但是，主动权已不在他们自己手中了。

面对史上最华丽的巴西队，阿根廷队开场并没有犯怵，他们很快进入比赛状态，无球跑动和传切配合都赏心悦目，但"蓝白军团"仅仅潇洒了10分钟。从比赛的第12分钟开始，巴西队逐渐控制了比赛的主动权，马拉多纳的一次盘带失误，导致巴西队成功反击获得直接任意球，"桑巴军团"重炮手埃德尔主罚，足球被阿根廷门将费里奥尔扑出，机敏的济科跟进补射，1比0，巴西领先。下半场比赛，巴西队在第66分钟和第75分钟，分别由塞尔吉尼奥和儒尼奥尔再入两球，建立了3比0的领先优势。

大势已去的阿根廷队，在场上踢得越来越郁闷，马拉多纳因为不满巴西队防守球员对自己一次又一次地凶狠侵犯，在第75分钟大比分落后的情况下，抬腿飞踹巴西中场球员巴蒂斯塔，被当值主裁判红牌罚下。此后，虽然拉蒙·迪亚斯在第89分钟为阿根廷队打进一球，但为时已晚，"蓝白军团"还是以1比3完败在死敌巴西队脚下，复赛两战皆负，排名垫底，饮恨出局。

"实际上，我们这届国家队要强于1978年夺冠的那支。"阿根廷队左后卫豪尔赫·奥尔京回忆说，"我们首战输给比利时队是致命失误，而在跟意大利队和巴西队的比赛中，我们运气太差。"运气当然只是拿来自我安慰的一种说法罢了，阿根廷队在西班牙世界杯上的失利，是多方面原因所致。"马岛战争"的政治影响和梅蒂诺战术的应变失策，应该是导致"蓝白军团"铩羽而归的关键所在。

不过，阿根廷球迷完全不必为球队的失败感到沮丧，这只是一代"球王"马拉多纳登上世界杯舞台的首秀，他接过了肯佩斯的"火炬"，成为这支球队绝对意义上的王者。1986年世界杯，才是真正属于马拉多纳的天下。

第三章
王的盛宴

1982　1994

王牌的力量

　　1982年7月，马拉多纳以创足坛转会费纪录的12亿比塞塔（约900万美元）的身价转会西甲豪门巴塞罗那队。这笔转会就发生在阿根廷队从世界杯出局后的当月，西班牙，就这样成为"球王"陛下足球人生中一个重要的拐点。他的世界杯之旅从西班牙开始，夹杂着喜悦与伤悲，但最终登顶，加冕王冠。同样，马拉多纳逐鹿欧洲职业联赛的起点，也是从西班牙开始，喜忧参半，几经波折后一统天下。

　　西班牙世界杯的失利，让阿根廷足协决定解雇梅蒂诺。1983年，44岁的比拉尔多接过教鞭，成为阿根廷新一届国家队的主帅。与梅蒂诺那种狂热的进攻足球大师不同，比拉尔多是一个忠实的战术足球拥趸，他熟谙足球历史的发展脉络，擅于研究技战术的演变和革新，所以他的排兵布阵与传统的阿根廷籍教练大不相同。

　　比拉尔多坚持对中场的控制，他认为足球比赛究其根本是中场的争夺，因为进攻和防守都是从中场开始，谁掌握了中场的控制权，谁就能赢得胜利。而掌控中场的核心要务，是必须有一个技术娴熟、控球卓越并能承担起组织进攻重担的王牌指挥官，没错，马拉多纳就是那个"天选之子"。

　　比拉尔多上任之后的第一件事，就是确立马拉多纳绝对的核心地位，他将队长袖标交给了这个蒸蒸日上的天才球员，而此举招致了老队长帕萨雷拉的记恨。事实上，新老两任队长的不和，早在1978年就埋下了伏笔，当初梅蒂诺决定不带18岁的老马征战本土世界杯，据传是帕萨雷拉暗中下绊起到了关键作用。西班牙世界杯之后，两人之间的矛盾激化。比拉尔多在组建新一届国家队时，将场上队长之职和指挥大权全权交给马拉多纳，而帕萨雷拉对此颇为不满，原因是比拉尔多做出决定之前没有跟他打招呼。

　　阿根廷队在1986年世界杯南美区预选赛中，与秘鲁队、哥伦比亚队和委内瑞拉队同组，以小组头名直接晋级世界杯决赛圈。然而，直到预选赛最后一战之前，阿根廷队只比秘鲁队多积1分，一旦输球将无缘墨西哥世界杯。秘鲁队一度在比赛中建立了2比1的领先优势，并保持到了比赛的第80分钟，绝境之下，加雷卡打进关键一球，将比分扳平，阿根廷队有惊无险地获得出线资格。

第三章／王的盛宴　　ARGENTINA NATIONAL FOOTBALL TEAM

帕萨雷拉在预选赛中仍然作为主力出战，他为阿根廷队最终晋级决赛圈立下汗马功劳，比拉尔多也最终带上了老队长前往墨西哥。但他与马拉多纳的矛盾并未因此得到缓解，相反，在预选赛期间，有消息曝出帕萨雷拉在队内拉帮结派，企图抗衡马拉多纳的核心地位。新老两代队长的不和，让阿根廷队的前景堪忧，但巧合的是，在墨西哥世界杯开打之前，帕萨雷拉因为胃病和腿伤复发，被比拉尔多放进了未激活名单，他整届大赛没有出场一分钟。

事实上，即便是身体健康，比拉尔多恐怕也不会冒险让帕萨雷拉跟马拉多纳搭档上场，因为他心里明白，树立和捍卫马拉多纳的权威，对于志在冠军的阿根廷队无比重要。毕竟，彼时的老马正值巅峰，他完全具备一个人改写比赛的能力，比拉尔多的战术体系完全由这个1.65米的"巨人"撑起，容不得一丝闪失。

马拉多纳的能力得到举世公认，是从巴塞罗那队开始，但那段岁月却是"球王"一生都不愿提及的。1983年9月24日，马拉多纳在与毕尔巴鄂竞技队的比赛中，被"屠夫"戈耶科切亚铲断了腿，于是赛季报销，直到1984年4月才复出。两队在该赛季的国王杯决赛中再次遭遇，被复仇之火激怒的马拉多纳，在0比1输掉比赛的终场哨响之后，与毕尔巴鄂队员大打出手，他连续飞踹对手，引发群殴。

这是马拉多纳在巴萨的最后一场比赛，以极不光彩的方式结束。除了这次群殴之外，马拉多纳对巴萨俱乐部也非常失望和不满，他与主席努内斯的关系非常紧张，巴萨高层也认为马拉多纳不是一个合格的领袖，双方只能分道扬镳。1984年7月5日，马拉多纳以创纪录的750万美元转会费加盟意甲那不勒斯队，从那时起，一代"球王"才真正开始了震惊世界的旅程。

马拉多纳加盟之前，那不勒斯只不过是意大利南方一支不起眼的小球会，自1958年以来，他们只获得过两次意大利杯冠军，1982/1983赛季险些降入乙级，最后只以1分勉强保级成功。然而，马拉多纳的到来改写了那不勒斯俱乐部的历史，阿根廷巨星加盟的第一个赛季，球队就一跃升到联赛第8名，马拉多纳攻入14球。1985/1986赛季，马拉多纳攻入11球，并成功将那不勒斯带到联赛第三名。默默无闻的南方小球会，开始同北方豪强米兰双雄和尤文图斯队分庭抗礼，而这一切的改变，都因为马拉多纳的到来。

一个人撑起一支球队，对于篮球运动来说并非难事，但在团队规模和空间纵深更大的足球运动，这难比登天，马拉多纳时代的那不勒斯却颠覆了这种认知。看到老马在那不勒斯队的无所不能,更加坚定了比拉尔多贯彻自己战术思潮的信念,他开创性地在墨西哥世界杯上推出"532阵型",后场严丝合缝,整个中前场交给马拉多纳一人支配,他可以自由地发挥,不受约束。比拉尔多在全新的国家队阵容里,投入多达7名防守球员,他要一改阿根廷队过往后场空虚、防守羸弱的症候,而他之所以敢这样排兵布阵,正是因为他手里有马拉多纳这张王牌。"我不仅被马拉多纳的天赋打动,还因为我确信他具备领导球队的能力。从一开始,我就没有怀疑,他也从未让我失望。"比拉尔多如是说。

崇尚进攻的阿根廷传统流派,对比拉尔多的用兵极为反感,前主帅梅蒂诺不止一次在公开场合抨击比帅的策略,但比拉尔多我行我素,坚持在墨西哥世界杯上沿用这套新战术,他最终给出的世界杯主力大名单是:守门员,28岁的蓬皮多;两个中卫,24岁的鲁杰里和25岁的库西福;一名拖后中卫,29岁的布朗;左后卫,27岁的奥拉蒂切亚;右后卫,29岁的朱斯蒂;中前场,23岁的巴蒂斯塔,23岁的布鲁查加,24岁的恩里克,23岁的巴尔达诺,以及25岁的马拉多纳。

给予马拉多纳充分的自由度,是比拉尔多战术的核心思想,因为他相信王牌的力量。

一个人的世界杯 / 1986 年墨西哥世界杯

　　1986 年墨西哥世界杯的赛制规则跟上一届有所不同：24 支决赛圈球队分成 6 个小组进行循环赛，每个小组的前两名与 4 个成绩最好的第 3 名，入围 16 强。从本届世界杯开始，不再设置第二阶段循环赛，16 强队伍直接进行淘汰赛。

　　阿根廷队分在 A 组，同组另外 3 支球队分别是：韩国队、意大利队和保加利亚队。"蓝白军团"的首战在 6 月 2 日，对手是时隔 32 年重返世界杯舞台的韩国队。韩国队的战术意图非常明确，就是想尽一切办法锁死马拉多纳，因为他们知道一旦让马拉多纳自如地控球，那将非常致命。所以，比赛中，韩国队作风粗野，凶狠犯规比比皆是，据统计，马拉多纳全场比赛被放倒 11 次，直接制造了对手两张黄牌。可以说，他们的策略执行得相当到位，马拉多纳整场比赛并没有发挥出上佳的水平。

　　然而，过度将防守注意力放到马拉多纳身上，让韩国队有点顾此失彼，整体实力更强的阿根廷队还是凭借巴尔达诺的"梅开二度"和鲁杰里的进球，3 比 1 完胜对手，取得了墨西哥世界杯的开门红。

第二场比赛，阿根廷队与上届冠军意大利队相遇。上届大赛中，正是他们在复赛中击败了阿根廷队，所以，这是一场名副其实的复仇之战。一贯以防守强悍著称的"蓝衣军团"，成功地破坏了阿根廷队的进攻节奏，但在本届大赛中防守升级的"潘帕斯雄鹰"，也没有让擅长防守的意大利队讨到什么便宜。两队各入一球，1比1握手言和，阿根廷队的唯一进球是由巴尔达诺助攻马拉多纳打入。

1胜1平的阿根廷队，在两战之后排名小组第一，出线形势一片大好。6月10日，他们迎来本小组的最后一个对手——保加利亚队。巴尔达诺和布鲁查加先后破门，阿根廷队以2比0顺利击败保加利亚队，以2胜1平积5分的不败战绩，头名出线，晋级16强。

阿根廷队在1/8决赛的对手是E组的第三名，他们的死敌——乌拉圭队，"拉普拉塔河德比"再次上演，但两队都已经今非昔比，阿根廷队状态正佳，乌拉圭队则略显颓废。1950年世界杯夺冠后，乌拉圭队再也没能在世界杯中取得突破，此番狭路相逢，"潘帕斯雄鹰"没有给老对手任何机会。虽然乌拉圭人用凶狠的犯规好好招待了马拉多纳（全场被放倒11次），但阿根廷队还是凭借替补球员帕斯库利的进球，1比0顺利获胜，挺进8强。

8强战中，阿根廷的对手是曾经在1966年世界杯中跟他们结下梁子的英格兰队，当然，这场比赛在赛前被广泛讨论，更多的是因为两国4年前的那场战争——"马岛之战"。所以，媒体赋予了这场焦点大战很多政治意义，而阿根廷队也将这场比赛视为"复仇之战"。除此之外，英式足球讲究简练实用的防守和犀利的锋线，与南美人惯用的完美技巧与传切配合，形成鲜明的对比，总之，这场比赛具备了成为经典的一切要素。而

最后的结果也不出所料。

马拉多纳在此前的四场比赛中被对手重点照顾,只打进了一粒进球,但从与英格兰队的 1/4 决赛开始,马拉多纳让世人领略到了一代"球王"的魔力,也正是从这场举世瞩目的"英阿大战"开始,马拉多纳将 1986 年世界杯变成了真正属于他一个人的世界杯。

这场比赛,在墨西哥城阿兹台克体育场进行。英格兰队主教练是博比·罗布森爵士,队中云集了莱因克尔、传奇门将希尔顿、霍德尔、布彻等名将。双方上半场鏖战 45 分钟,都没有把握住进球机会,但进入下半场之后,奇迹上演了。第 51 分钟,马拉多纳将球分给边路的队友巴尔达诺,后者的射门被英格兰队后卫霍奇挡住,然后回传给守门员希尔顿。此时,虽然马拉多纳抢到了第一点,但面对人高马大的希尔顿,他想头球攻门难度极大,最终,他选择了用手将球打入球门,由于他个子矮小,且动作隐蔽,突尼斯主裁判纳塞尔没有发现,并判此球有效,希尔顿和他的队友虽然极力抗议,但主裁判拒绝改判。

有趣的是,在英格兰人集体围攻裁判时,马拉多纳正高举双臂庆祝进球,并在奔跑中不停地用眼角的余光观察场上形势。赛后的新闻发布会上,马拉多纳以"进球一半是上帝的手,一半是我的脑袋"作为回应,"上帝之手"从此成为经典。

取得领先的阿根廷队在 3 分钟之后扩大了优势,进球的还是马拉多纳。如果说 3 分

钟之前的"上帝之手"完全出于侥幸让英格兰人颇为不服,那么这一次,马拉多纳彻底让对手心服口服了。他在半场得球后从右路开始带球,在躲开比尔兹利和雷德的拦截后,又带球过掉了芬维克和布彻,然后晃过出击的希尔顿,用左脚脚尖将球捅入球网。马拉多纳从得球到破门,连续过掉英格兰队5名防守球员和守门员,这记千里走单骑被评为世界杯史上的最佳进球。英格兰队主帅罗布森说:"这个失球我们的防守队形没有问题,之所以最后丢球是因为对手是个天才。"

多年之后,有媒体评论家认为这疯狂的4分钟,浓缩了马拉多纳传奇的一生:既有魔鬼的一面,又有天使的一面。

被马拉多纳的神迹惊到的英格兰队虽然在第80分钟由莱因克尔扳回一球,但还是无力回天,阿根廷队以2比1战胜仇敌,晋级4强。

6月25日,阿根廷队半决赛迎战"欧洲红魔"比利时队,上届世界杯,他们正是在首战之中被比利时队零封,出师不利。此番再次相遇,状态如日中天的马拉多纳一个人包办了两粒精彩进球,阿根廷队以2比0复仇成功,时隔8年重返世界杯决赛。

6月29日,阿根廷队再次走进阿兹台克体育场,站在他们面前的,是两届世界冠军的联邦德国队,现场涌入11.4万名球迷,他们在见证一个新球王的诞生。连续两场比赛"梅开二度"的马拉多纳,让德国人不敢怠慢,他们采用了成功的盯人防守战术,全场比赛11次将老马放倒,但这无法限制状态正佳的"潘帕斯雄鹰",布朗和巴尔达诺

蓝白之帜 阿根廷传

在第 22 分钟和第 56 分钟先后进球,阿根廷在决赛中取得 2 比 0 的领先。不过,顽强的德国人在第 74 分钟和第 81 分钟分别由鲁梅尼格和沃勒尔破门,将比分扳平。

第 84 分钟,马拉多纳在对手严密的盯防下送出妙传,布鲁查加得球之后直捣黄龙破门,3 比 2,阿根廷队再次超出比分,也最终凭此球锁定胜局,成功夺冠。

阿根廷队在 8 年之内两捧大力神杯,他们成为那个年代世界足球的最强者。而马拉多纳在该届世界杯中打入 5 粒进球、5 次助攻(世界杯助攻王),阿根廷队全部 14 球中,有 10 球跟马拉多纳有直接关系,他众望所归地当选赛会金球奖。

比拉尔多的战术思想被成功应验,马拉多纳一个人撑起了阿根廷队的攻防体系,这种以单核球星为模式,一个人决定球队命运的踢法,放眼整个世界足坛,只有马拉多纳做到了,前无古人,恐难有后来者。多年以后,有人请求肯佩斯比较阿根廷 1978 年和 1986 年两支冠军队的差异,这位阿根廷足球史上的二号巨人说:"最关键的不同是,1978 年的球队更像一支团队,1986 年的球队更多的是围绕一名球员建立的,比拉尔多把马拉多纳塑造成了球队的焦点。"

而马拉多纳在接受《体育画报》采访时表示:"我是队长,队长就应该做出榜样。在世界杯开始之前,我就告诉队友们,但愿所有的球队教练都想着马拉多纳,让所有人都来冻结我吧,反正我们会赢得胜利。"

1986 年世界杯,被后世称为"诸神之战",而迭戈·马拉多纳手捧大力神杯站在世界之巅,球王加冕,睥睨天下,无人可与之争雄。

泪洒亚平宁 /1990 年意大利世界杯

墨西哥封神的马拉多纳,在回到那不勒斯之后,延续了自己在世界杯赛场上的神奇。1986/1987 赛季,马拉多纳率领那不勒斯实现了历史性的突破,他们首次捧起意甲联赛冠军,同时还拿到了意大利杯冠军,加冕"双冠王"。《米兰体育报》如是评论:"马拉多纳终结了普拉蒂尼的意甲时代。"

在意大利足球历史上,还没有一支南方球队能超越富裕的北方球队夺冠,但马拉多纳做到了。意大利媒体将那不勒斯的问鼎定义为"奇迹",因为在两年前,他们还是一支在保级区苦苦挣扎的无名小卒,仅仅是两年的时间,他们便从鱼腩变成冠军。一切都源于 1984 年夏天的那笔转会费。

是的,那不勒斯的马拉多纳时代到来了,意甲冠军只是他征服亚平宁半岛的开始。此后三年,阿根廷球王将这支南方小球会,带成了意甲劲旅,让其他豪强如坐针毡。1987/1988 赛季,马拉多纳在联赛中打进 15 球,成功荣膺意甲金靴。1989 年,那不勒斯在欧洲联盟杯中折桂,首夺欧战级别的锦标。1989/1990 赛季,那不勒斯时隔三年再次夺得意甲联赛和意大利杯的双冠王,这一次,马拉多纳击败的对手是荷兰"三剑客"坐镇的鼎盛时期的 AC 米兰队以及由德国"三驾马车"统率的国际米兰队。

从 1986 年墨西哥世界杯捧杯到 1990 年意大利世界杯开幕,这 4 年时间,是马拉多纳足球生涯的黄金岁月,从国家队到俱乐部,他的声望达到顶峰。所以,球迷们对于 1990 年夏天在意大利举办的第 14 届世界杯充满了期待,因为他们有可能见证史上第一支蝉联大力神杯的冠军。

贵为上届冠军的阿根廷队,直接获得世界杯决赛圈的参赛资格,无须参加预选赛。比拉尔多仍是国家队的主帅,备战工作没有太多纠结与阻碍,因为出现在意大利的阿根廷队阵容班底基本跟上届一样,最大的变化是"风之子"卡尼吉亚进队,并顶替了巴尔达诺的位置。马拉多纳依旧是坐镇中场的王牌指挥官,整支球队的战术围绕他展开,一如上届。

阿根廷队在大赛开始前,只参加了四场热身赛,表现平平。他们只赢得同以色列的

比赛,比分是2比1,其余三场比赛均以1比1的平局收场。阿根廷队在分组中与喀麦隆队、罗马尼亚队和苏联队同处B组。

　　6月8日首场比赛,阿根廷队与首次入围决赛圈的非洲喀麦隆队相遇,这本是一场实力悬殊的较量,赛前所有人都认为卫冕冠军将上演一场大屠杀,但结果却爆出了开赛的第一大冷门。喀麦隆队沿用了上届世界杯球队防守马拉多纳的策略,各种粗野的盯人防守和暴力铲断,整场比赛,老马被放倒11次,喀麦隆队更是吃到了两张红牌。但这一次,

阿根廷队没能再幸运获胜，奥曼·比耶克在一次角球进攻中力压阿根廷队后卫，高高跃起将球砸进球网，并将1比0的比分保持到了终场。

首战即遭世界杯新军爆冷，让阿根廷队的卫冕之路瞬间变得无比黯淡，比拉尔多赛后在更衣室里咆哮道："如果我们小组赛就被淘汰，那就让回程的飞机直接坠落吧。"第二场与苏联队的交锋，阿根廷队不容有失，他们必须获胜，才能重新获得出线主动权，尽管阿根廷队还是没能踢出流畅的进攻配合，但马拉多纳还是成功策划了两粒进球，特罗利奥和布鲁查加把握住了机会，阿根廷队以2比0战胜了苏联队。但胜利并不能让上届冠军心安，因为比赛第11分钟，主力门将蓬皮多与队友奥拉尔蒂奇相撞，当即倒地不起，无奈之下，比拉尔多只能换上替补门将戈耶切亚。而且在赛后的诊断中，蓬皮多身上多处被确诊为骨折，将彻底告别本届世界杯。这对于原本状态不佳的阿根廷队而言无异于雪上加霜，然而，事实并非如此。

两战过后，阿根廷队1胜1负，与罗马尼亚队同分，但后者因为进球数多一个，所以暂居第二，阿根廷队只排在第三，两连胜的喀麦隆队已经提前出线。意大利世界杯的赛制与上届大会一样，6个小组的前两名和4个成绩最好的小组第三晋级16强。阿根廷队若想确保晋级，必须在末战同罗马尼亚队的比赛中获胜，一旦平局或者输球，将要看其他对手的脸色。

喀麦隆队已成功上岸，所以与苏联队的比赛，他们没有倾尽全力，被对手4比0痛击。如此一来，阿根廷队只要输球，就将万劫不复。平局则将力拼成绩最好的小组第三，

第三章 / 王的盛宴　　ARGENTINA NATIONAL FOOTBALL TEAM

方可逃出生天。结果，阿根廷队闷战90分钟，仅仅由蒙松打进一球，1比1被罗马尼亚队逼平。如此一来，阿根廷队只能寄希望于在最终的小组第三竞争中能够排名靠前。幸运的是，"蓝白军团"积3分进3球丢2球，与哥伦比亚队同为成绩最好的小组第三，有惊无险地晋级16强。

至此，已经没有人将侥幸晋级的阿根廷队视为夺冠大热门了，阿根廷国内对于表现低迷的球队口诛笔伐。主力门将报销，全队进攻萎靡，而且更要命的是马拉多纳在对手疯狂的围追堵截下状态一般。小组赛战罢，他的双腿已经被踢得到处是伤，1/8决赛前，老马的脚已经无法穿正常的球鞋，他指着自己受伤的左脚对比拉尔多说："看，它肿得像个球。"最后，阿根廷人为了满足马拉多纳的上场要求，重新赶制了球鞋，马拉多纳伤脚所穿的球鞋，要比正常脚穿的鞋更大，这样才可以将他那"肿得像个球"的脚塞进去。

阿根廷在16强对战中的对手，是死敌巴西队，"桑巴军团"阵容强大，队中有卡雷卡、邓加、西拉斯和塔法雷尔等名将，小组赛中，他们3战全胜，状态火热。赛前，媒体几乎一致认为阿根廷队的卫冕之旅将止于巴西脚下，但马拉多纳说："No Way！"巴西队疯狂地进攻，一次次威胁着阿根廷队的禁区，整场比赛，他们有4次打中门框，一次单刀射偏，一次击中戈耶切亚的身体，但都没有转化成得分。熬过巴西队一轮轮的狂轰滥炸之后，比赛第81分钟，马拉多纳从中场开始带球，三名巴西队员迅速围剿，但还是没有阻止"球王"传出了妙至毫巅的一球，"风之子"卡尼吉亚拍马赶到，一击命中，"世纪助攻"就此上演。

巴西队狂轰一整场寸功未见，马拉多纳只用了短短5秒钟的灵光，就率队收割胜利。阿根廷队惊险地以1比0趟过巴西队，晋级8强，他们的对手将是南斯拉夫队。

接下来，阿根廷队在本届世界杯中的传奇时刻属于替补门将戈耶切亚了。1/4决赛，阿根廷队与南斯拉夫队鏖战120分钟均未破门，点球大战中，戈耶切亚两次扑出对方射门的足球，上届冠军就这样以3比2险胜过关。半决赛，阿根廷队与东道主意大利队成功会师，比赛场地恰恰是那不勒斯的主场——圣保罗球场。赛前，那不勒斯的城市英雄马拉多纳怂恿意大利球迷为阿根廷加油，被传为佳话。

卡尼吉亚虽然为阿根廷队打入一球，但仍旧无法带走胜利，两队120分钟战成1比1，点球大战再度上演，戈耶切亚又一次如神兵天降，扑出意大利队两记点球，阿根廷队以4比3淘汰东道主，连续两届世界杯闯进决赛。

可惜在决赛中，由于阿根廷队与意大利队半决赛中消耗惨重，卡尼吉亚、巴蒂斯塔、吉乌斯蒂和奥拉蒂科切亚等四名主力无法出场，面对阵容齐整的联邦德国队的整场压制，戈耶切亚化解了一次又一次的危机，力保球门在80分钟内不失。进攻乏术的阿根廷队寄希望于再次将对手拖入点球大战，通过俄罗斯轮盘赌的方式博运气，但强悍的"德意志战车"没有给他们机会。比赛临近终场时，沃勒尔被圣西尼绊倒在禁区中，主裁判吹罚点球，布雷默主罚，尽管戈耶切亚扑对方向，但由于球速过快，他还是目送皮球入网。

对于这粒点球的判罚，阿根廷球员表示不满，他们认为圣西尼压根没有犯规，但裁判没有理会。1比0，联邦德国队复仇成功，第三次捧起大力神杯。赛后的颁奖仪式上，痛失冠军的马拉多纳哭得像个孩子，他拒绝同国际足联主席阿维兰热握手，并在多年之后的回忆中，仍旧对当时的点球判罚耿耿于怀，马拉多纳直言："那是国际足联的阴谋，他们判给了德国人一个根本不存在的点球，将本该属于阿根廷的冠军吹给了对手。"

无论怎么申诉，历史已无法改写。1990年世界杯，是马拉多纳非凡领袖魅力的又

一次完美体现。风雨飘摇的阿根廷队，过关斩将杀进决赛，直到比赛尾声才输给对手，这一切都是因为马拉多纳的存在，他们虽败犹荣。

谢幕 / 1994 年美国世界杯

意大利之夏，是马拉多纳足球生涯的分水岭，失意而归的一代"球王"此后沉迷于酒色与毒品，竞技状态一落千丈，阿根廷足球也开始进入过渡时期，一大批青年才俊涌现。

1991 年 3 月，马拉多纳在那不勒斯与巴里队的比赛结束后，被查出吸食可卡因，随即被意大利足协禁赛 15 个月之久，这基本宣告了老马在那不勒斯队生涯的终结。1992 年 9 月，历时三个月的谈判过后，马拉多纳以 750 万美元的价格转会西甲塞维利亚，仅仅一年之后，他便告别了欧洲足坛。

1993 年，马拉多纳重返阿甲联赛，加盟纽维尔老男孩俱乐部，此时的老马早已不是 7 年前那个风驰电掣将英格兰防线戏弄于股掌之间的"球王"了，臃肿的身材和颓废的目光，预示着一代"球王"生涯的迟暮。

旧王老去，新王当立，马拉多纳的堕落与消颓，并没有影响阿根廷足球的人才辈出，巴蒂斯图塔、雷东多、奥特加、迭戈·西蒙尼，一大批 1960 年末 1970 年初出生的青年才俊，开始在欧洲联赛中崭露头角。1993 年 2 月 17 日，马拉多纳参加了庆祝阿根廷足协成立 100 周年的友谊赛，对手是巴西队，老马被阿根廷足协授予历史最佳球员称号。这似乎是一个信号，阿根廷足球的"后球王时代"仿佛就要来临了。

与此同时，执教国家队连续征战两届世界杯的功勋教头比拉尔多，也在意大利之夏后交出帅印。阿根廷国家队的新任主教练是巴西莱——一个跟老帅梅蒂诺一样崇尚攻势足球的传统派教练。巴西莱上任之后就放弃了比拉尔多的战术足球理念，阿根廷队回归传统风格，高举进攻大旗。

巴西莱的起点足够高，因为他手中握有一票当打之年的老球员和锋芒毕露的青年才俊，虽然从 1991 年到 1994 年，马拉多纳没有再入选国家队，但巴西莱还是率领"蓝白军团"连续赢得了 1991 和 1993 年两届美洲杯冠军。看上去，没有球王压阵，阿根廷队还是可以在国际足坛兴风作浪。那么他们已经做好了进入"后马拉多纳时代"？

答案是：没有。

1994 年美国世界杯预选赛上，阿根廷队险些阴沟翻船。由于智利队被国际足联重罚，

禁止参加两届世界杯赛,所以南美区的决赛圈名额只有3.5个,巴西队所在的小组前两名可以直接出线,而阿根廷队所在的小组第二必须与大洋洲冠军进行附加赛。"蓝白军团"的同组对手是哥伦比亚队、巴拉圭队和秘鲁队,这本是一个竞争形势一般的分组,但阿根廷队踢得极为凶险。最后一轮他们在主场被哥伦比亚5比0狂扫,但好在秘鲁队战平了巴拉圭队,使得阿根廷队保住了晋级的一线希望。

与澳大利亚队的附加赛,阿根廷队不容有失,危急关头,足协和巴西莱出面动员马拉多纳出山,已经远离国际大赛两年之久的"球王"就这样临危受命,重回国家队。巴西莱明白,虽然马拉多纳已不复巅峰之勇,但他在阿根廷足球界的威望极高,又是队中许多年轻人的偶像,一旦他回归,对于整体士气的提升大有裨益。

首轮做客悉尼,马拉多纳助攻巴尔博头球建功,阿根廷队以1比1战平澳大利亚队。次回合移师布宜诺斯艾利斯,阿根廷队以1比0获胜,艰难地获得美国世界杯出线权。

虽然晋级之路跌宕起伏,但巴西莱的球队在世界杯前阵容相当齐整,既有上届世界杯的主力马拉多纳、卡尼吉亚、圣西尼和戈耶切亚,也有年轻的巴蒂斯图塔、雷东多、奥特加和西蒙尼。老中青三代云集,年龄结构层次分明的"蓝白军团",踢出了久违的华丽足球,他们进攻行云流水,赏心悦目。

阿根廷队在分组抽签中,与尼日利亚队、保加利亚队和希腊队同在D组,本届世界杯的赛制与此前两届一样。小组赛中,阿根廷队首战以4比0大胜希腊队,首次参加世界杯的巴蒂斯图塔上演"帽子戏法",马拉多纳也打进一粒精彩的团队配合进球,破门之后的老马冲向场边摄像机疯狂怒吼的画面成为世界杯的经典瞬间。这是马拉多纳世界杯生涯的第8球,也是最后1球。

6月25日，阿根廷队与"非洲雄鹰"尼日利亚相遇。比赛中，马拉多纳完成了一次经典的快发任意球战术，助攻卡尼吉亚破门，阿根廷队以2比1击败尼日利亚队，两战全胜，出线形势大好。不过这场比赛之后，球员被要求立即接受药检，其中被抽中的球员就有表现出色的马拉多纳。6月30日，阿根廷队与保加利亚队的小组赛最后一战，原本出现在首发阵容中的马拉多纳，在赛前收到了禁赛处罚通知，因为他小组赛第二场之后的例行尿检呈阳性，被检测出服用大量麻黄碱，即兴奋剂。国际足联果断做出了禁止参赛的重罚，马拉多纳的美国世界杯之旅就此终结。

　　领袖遭禁赛，让阿根廷全队无比震惊，巴西莱不得不重新布置同保加利亚队比赛的出场阵容。当然，对于阿根廷队而言，更棘手的问题不在于减员，而是老马的禁赛对于球员精神和士气上的打击。两连胜的"蓝白军团"占据出线的有利位置，而且华丽的攻势足球也让球迷大呼过瘾，他们前两战迸发出的能量，足以叫板冠军热门巴西队。但是现在，马拉多纳被禁赛，阿根廷全队开始不知所措，前两战搭档老马表现不俗的雷东多，在第三场比赛中状态全无，多年之后他坦言"马拉多纳禁赛之后，自己压根不知道怎么踢球了"。

　　士气低迷的"潘帕斯雄鹰"，在末战被保加利亚队以2比0击溃。如此一来，这一小组出现了三支球队同为2胜1负的奇观，阿根廷队、尼日利亚队和保加利亚队积分相同，尼日利亚队凭借净胜球优势位居第一，但阿根廷队和保加利亚队的进球失球数都完全一样，但通过计算胜负关系，"蓝白军团"屈居第三。

　　好在，阿根廷在六个小组里的第三名中战绩最佳，他们惊险晋级16强，对手是罗马尼亚队。马拉多纳禁赛风波的影响依旧考验着阿根廷队，他们以2比3被对手击败，巴蒂打进一粒点球，巴尔博也收获一球，阿根廷队在1994年世界杯上的征程就此结束。

　　从惊险入围决赛圈，到小组赛前两战大放异彩，再到马拉多纳禁赛后全队状态一落千丈。阿根廷队的美国世界杯经历犹如过山车，"一代球王"马拉多纳的世界杯之旅以一种极不光彩的方式谢幕，随之终结的，还有他的国家队生涯。

　　1994年之后，阿根廷足球正式进入"后马拉多纳时代"，"潘帕斯雄鹰"依旧高傲地飞翔，但华彩已逝，复兴之路任重而道远。

第四章
百舸争流
1994　2006

梦碎法兰西 / 1998 年法国世界杯

美国世界杯,终结了马拉多纳的"蓝白生涯",阿根廷的"球王时代"随风而去,同样挥手再见的,还有主教练巴西莱。回国之后,阿根廷足协宣布巴西莱下课,取而代之的是 1978 年世界杯冠军队长帕萨雷拉。

时年 41 岁的帕萨雷拉,在阿根廷国内声望极高,堪称阿足坛仅次于马拉多纳和肯佩斯的三号人物,同样,这位功勋老队长是个极富个性的人,脾气火爆、铁腕治军。他跟巴西莱的足球哲学一脉相承,崇尚进攻,热情洋溢。但由于性格太过强势,帕萨雷拉与媒体之间的关系一向紧张,而且在组建球队方面,他的手腕过于强硬,让一向以自由、洒脱、随性著称的阿根廷球员苦不堪言。

虽然马拉多纳时代已经成为过去式,但阿根廷足球仍然人才济济,各个位置上优秀球员涌现,他们的综合实力丝毫不弱于任何一支世界豪强。巴蒂斯图塔在佛罗伦萨大杀四方,雷东多在皇马风光无限,奥尔特加是公认的"马拉多纳接班人",萨内蒂和西蒙尼在国米都是各自位置上的绝对主力,此外,年轻一辈中的贝隆和克雷斯波也异军突起。

总之,帕萨雷拉接管的是一支正处在上升期的球队,尽管有绝对领袖的空缺,但只要调教到位,这届阿根廷队在世界杯上取得佳绩应该问题不大。然而,帕萨雷拉的铁腕治军风格,让很多球员颇为不适。帕萨雷拉为了在队中树立权威,首先要求球员必须减掉长发。众所周知,巴蒂、雷东多、卡尼吉亚等球员以长发飘飘的形象深入人心,但帕萨雷拉"禁发令"一出,让众多大腕愕然,"乖乖男"巴蒂顺从了主帅的意愿,主动剪发留队,但雷东多和卡尼吉亚"宁死不从"。

于是,在 1998 年法国世界杯大名单敲定的时候,潇洒飘逸的雷东多和卡尼吉亚未能入选,这让很多阿根廷球迷为之心碎。事实上,坊间关于二人落选国家队的猜测众多,所谓"禁发令"不过是帕萨雷拉为排除异己设定的一个借口罢了。帕帅与老马的矛盾,早就不是什么秘密,而在阿根廷足球界,马拉多纳嫡系众多,他的影响力之深已经超出了足球范畴。1994 年世界杯惨败,让马拉多纳的形象一落千丈,同时也让阿根廷足球蒙受了前所未有的冲击。阿足协希望在接下来消除这种负面影响,让"潘帕斯雄鹰"走出"马

第四章/百舸争流　　ARGENTINA NATIONAL FOOTBALL TEAM

拉多纳时代"的阴霾笼罩。

　　一贯同马拉多纳不对付的帕萨雷拉看到了"复仇"的契机，他接管了国家队，意味着"球王嫡系"一派将被夺权。卡尼吉亚和雷东多正是老马的心腹嫡系，他们一个跟"球王"情同手足，一个又是师出同门。帕萨雷拉借助"留发不留人"的高压政策，排除异己。与此同时，帕帅也不忘发展自己的门徒，1995年世青赛和1996年奥运会上，阿根廷青年一代表现抢眼，而队中多位球员都成为了1998年法国世界杯上的主力，比如克雷斯波、阿尔梅达、萨内蒂、贝隆和洛佩斯，他们都是公认的"帕萨雷拉帮"。

　　帕帅将拒绝剪发的卡尼吉亚和雷东多挡在国家队大门外，然后带着一支有着鲜明个人性格烙印的球队出征法兰西。阿根廷队在此前的预选赛中表现得中规中矩，虽然在9支参赛队中名列第一，但仅领先巴拉圭队1分，领先哥伦比亚队2分，这显然无法让阿根廷球迷感到满意，因为他们对这支后"球王时代"的国家队寄予厚望。

　　1998年世界杯决赛圈首次扩军至32支，阿根廷队被分在H组，同组的有日本队、牙买加队和克罗地亚队。对手的整体实力并不强，于"蓝白军团"而言，实属上签。帕萨雷拉的首发名单中，巴蒂和洛佩斯搭档锋线，中场则由贝隆、西蒙尼、奥特加和阿尔梅达组成，四大后卫查莫特、阿亚拉、圣西尼和萨内蒂，门将则是罗阿。这是一套攻击力很强的阵容，但防守实力一般。

　　6月14日，阿根廷队迎来本届世界杯的首个对手日本队，凭借巴蒂斯图塔的进球，他们以1比0获胜。6月21日，面对牙买加队，阿根廷队奉献了一场酣畅淋漓的大胜，"小毛驴"奥尔特加"独中两元"，巴蒂则上演"帽子戏法"，成为世界杯历史上第一位连续两届上演"帽子戏法"的球员，"蓝白军团"以5比0横扫对手，提前出线。6月26日，面对"格子军团"克罗地亚队，阿根廷后卫皮内达打入一球，从而艰难地以

85

1 比 0 取胜对手，三战全胜且不失一球晋级 16 强。

　　小组赛顺风顺水的阿根廷队，展现出了一贯流畅的地面配合，攻势如潮，这让阿根廷球迷大呼过瘾。1/8 决赛，他们的对手是宿敌英格兰队，两队上一次交手是在 1986 年墨西哥世界杯，那场比赛成就了马拉多纳，而如今，两队都已今非昔比，但阿根廷队和英格兰队还是奉献了一场足以载入史册的经典大战。

　　这是一场进球如骤雨般迅疾的对决，比赛仅仅开场 10 分钟，两队就各自攻入一球。率先打破僵局的是阿根廷队，第 6 分钟，西蒙尼在禁区内倒地，主裁判果断吹罚点球，巴蒂操刀命中。但仅仅 4 分钟之后，迈克尔·欧文以其人之道还治其人之身，同样在禁区内摔倒博得一粒点球，阿兰·希勒一蹴而就。实际上，这两记点球的判罚都极具争议，西蒙尼在英格兰门将希曼扑救之前就做好了倒地的准备，这是一记教科书般的假摔，而欧文在阿亚拉的防守下卧倒，也是一出演技精湛的好戏。

　　英格兰队在扳平比分后仅仅过了 6 分钟，他们就完成了反超。进球的还是欧文，年仅 18 岁的阳光帅哥，在接到贝克汉姆的后场传球后，一路长途奔袭，连续甩开查莫特和阿亚拉的防守，在距离球门 15 米处用右脚将皮球送入球门左角。这粒进球成了世界杯史上的经典之一，而欧文也凭借与阿根廷队一役的出色发挥，赢得了万千球迷的喜爱，并得称号——"追风少年"。

　　落后的阿根廷队发起反攻，并在半场结束前凭借一记经典的任意球配合，由右后卫萨内蒂完成破门。洛佩斯在禁区前沿被坎贝尔放倒，主裁判罚任意球，巴蒂跑动掩护，贝隆跟进假射真传，将球平推入禁区，萨内蒂从英格兰的人墙后跑出、接球、转身、射门、进球，一气呵成。战术配合，心领神会，流畅细腻，这一球将阿根廷足球的特点完美展现。

　　两队上半场就合力打进 4 球，这堪称是世界杯历史上最荡气回肠的上半场。但此后，双方陷入角力，但话题性仍然没有间断。下半场刚开场不久，贝克汉姆在一次拼抢中被身后的西蒙尼撞倒，恼羞成怒的小贝隐蔽地用脚后跟撩了一下西蒙尼，但后者顺势夸张倒地，这一幕被恰好在身边的丹麦籍主裁尼尔森看个正着，他直接出示红牌将英格兰帅哥罚下。可以说，阿根廷最终能够获胜，两次奉献高水准表演的西蒙尼居功至伟。

　　2 比 2 之后，双方在余下的时间里各无建树，比赛不得不进入点球大战。克雷斯波和保罗·因斯相继罚丢，而英格兰球员大卫·巴蒂的射门则被阿根廷门将罗阿扑出，"蓝白军团"惊险地获胜，淘汰对手，晋级 8 强。

　　1/4决赛，阿根廷队遭遇到荷兰队，这又是一场争议和话题不断的精彩较量。两队自从1978年世界杯决赛之后首度交手，这一次"橙衣军团"迎来复仇良机。比赛第12分钟，克鲁伊维特接博格坎普传球后一记禁区内抽射破门，5分钟后，贝隆出球，洛佩斯反越位成功将比分扳平。第77分钟时，荷兰队的纽曼累计两张黄牌被罚离场。但比赛结束前奥尔特加的不冷静行为让阿根廷人付出了代价，他在禁区内与范德萨发生争执，结果起身用头顶了范德萨下巴，后者就势痛苦倒地，奥尔特加被红牌直接罚下。第90分钟，弗兰克·德波尔60米精妙长传，将球交给禁区右侧的博格坎普，"冰王子"停球回扣摆脱阿亚拉防守后，将球送入了罗阿把守的球门。阿根廷人彻底崩溃，"橙衣军团"则成功复仇顺利晋级。

　　帕萨雷拉作为教练的首次世界杯止步8强，并不能让阿根廷足协和球迷满意，梦碎法兰西之后，他在同年年底便宣告下课，继任者是有着"疯子"之称的贝尔萨。从小组赛高歌猛进，到淘汰赛磕磕绊绊，阿根廷队让世人看到了他们"后球王时代"的迷离与彷徨，他们虽星光璀璨，但中兴之路尚需时日。

第四章/百舸争流　　　　ARGENTINA NATIONAL FOOTBALL TEAM

低谷 /2002年韩日世界杯

比拉尔多卸任主帅之后，从巴西莱到帕萨雷拉到贝尔萨，传统攻势足球成为阿根廷国家队的主流战术思想，而且大有愈演愈烈之势。继任者贝尔萨江湖绰号"疯子"，这不仅源于老贝激情洋溢的执教风格，同时也是对他热衷进攻战术的完美诠释。

贝尔萨的经典名言是："进攻是取得胜利的捷径，在阿根廷我们都明白这一点，因此我们必须坚持进攻大旗。"贝尔萨对于进攻的执着到了近乎狂热的地步，他喜欢三前锋布阵，两名边锋在两翼扯动制造机会，技术型中锋抢点包抄。而在中后场的安排上，贝尔萨喜欢三后卫布防，然后在中场囤积四名球员，尽可能地将进攻优势最大化。整体来看，就是一种"3313"的畸形怪阵。在这种理念的驱使下，贝尔萨的球队大多充满激情，配合娴熟、攻势流畅并且颇具观赏性。

阿根廷队的确俘获了一大批球迷，而且在新教练的率领下，他们所向披靡。贝尔萨由于性格内向孤僻，极少在媒体面前大放厥词，所以他基本没有任何负面报道。实际上，与帕萨雷拉那种脾气火爆的外向型个性主帅相比，贝尔萨只是一个痴迷于进攻战术足球的疯狂科学家，他的个性不张扬，但不代表他并非另类。

1998年世界杯，帕萨雷拉铁腕治军弃用了正值巅峰的雷东多，而在4年后的韩日世界杯上，又一位天才中场遭到弃用，他就是里克尔梅。当然，与雷东多拒绝服从而主动退出不同，里克尔梅未能入选，更多是因为他的技术特点与贝尔萨的理念不合。作为古典型前腰，里克尔梅的盘带优雅，但速度太慢，而贝尔萨则强调快速出球，尽可能地减少个人持球时间。1999年之后，贝尔萨便没有再征招里克尔梅进队，无论媒体和记者在发布会上如何质问，贝尔萨都无动于衷，坚决不起用他。

但即便没有里克尔梅，贝尔萨的大名单里还是云集众多巨星：巴蒂、克雷斯波、贝隆、奥特加、洛佩斯、艾马尔、西蒙尼、萨内蒂、索林、加拉多、阿亚拉、卡尼吉亚等。阵容强大的阿根廷队，在南美区预选赛上所向披靡，以13胜4平1负的战绩提前四轮顺利出线。他们领先第二名厄瓜多尔队12分，领先第三名巴西队13分，这是阿根廷世界杯预选赛史上表现抢眼的一次。

由于带队成绩出色，且夺冠呼声极高，在出征韩日世界杯之前，贝尔萨便口出狂言："阿根廷队如果不能在世界杯上夺冠，就算是一种失败。"的确，这支进攻火力凶猛，且年龄结构合理的球队，放在当时的国际足球环境下，无人出其右。但贝尔萨带队踢得毕竟只是世界杯预选赛，真正到了刺刀见红的决赛圈，他能否随心所欲地施展自己的"疯子魔法"是个未知数。

贝尔萨的豪言足够振奋人心，但当世界杯分组抽签出炉之后，阿根廷球迷却很难为主帅的疯狂称赞。阿根廷队又一次落入了"死亡之组"，他们同英格兰队、尼日利亚队和瑞典队同处 F 组，这是本届世界杯中竞争最惨烈的小组。英格兰队和瑞典队两支欧洲豪强实力强劲，但即便如此，阿根廷人也相信自己能够逢凶化吉，渡过难关。

6月2日，"蓝白军团"与尼日利亚队交手，但比赛打响后，球迷们发现队长阿亚拉并没有出现在首发阵容中，原来，阿亚拉在赛前的训练中受伤，普拉森特临时顶替进入首发。贝尔萨在比赛中继续沿用"3313阵型"。贝隆戴上队长袖标，第62分钟，贝隆左侧开出角球到后门柱，巴蒂高高跃起用头部左侧小角度攻门，尼日利亚队员在球门线上解围，但无法阻止皮球入网，阿根廷队打进全场唯一进球，艰难地以1比0赢下了

对手。整场比赛，阿根廷队控球率高达59%，狂轰18脚射门，9次打正，但只收获一球，进球效率偏低。

6月7日，阿根廷队与英格兰队在世界杯中再次相遇，4年前在法国世界杯上，两队奉献了世界杯史上的经典对决，贝克汉姆遭西蒙尼"暗算"，染红离场，以致球队惨遭淘汰。而两队各自阵容相比4年前，都没有太大的变化，所以这场英阿大战被赋予了更多意义，但焦点只有一个——贝克汉姆和西蒙尼。与此同时，

ARGENTINA NATIONAL FOOTBALL TEAM

欧洲各大博彩公司对这场比赛也有自己的不同意见。澳门博彩开阿根廷队让半球，似乎他们看好阿根廷队。

大战一触即发，被广泛看好的阿根廷队却在比赛中完全没有踢出自己的风格。贝隆表现失常，导致前锋群无法得到有力的

支持，整个上半场阿根廷队甚至连一次有威胁的射门都没有，反倒是英格兰队率先打破了僵局。比赛第 43 分钟，欧文从左肋部突入阿根廷队禁区，在面对波切蒂诺的防守时，将球向右一拨，此时波切蒂诺做出了一个很不明智的伸腿拦截动作，欧文随即就势前扑摔倒在地，当值主裁判意大利人科里纳立刻鸣哨判罚点球。

点球由贝克汉姆上前主罚，他在短距离助跑后用右脚正脚背大力抽射，皮球又低又快直飞中路，从被晃开的阿根廷队门将卡巴雷罗脚边飞入网窝，英格兰队以 1 比 0 领先。

由于贝克汉姆在 4 年前同阿根廷队的比赛中吃到了红牌，让他一时间成为全英公敌，这粒点球破门，被视为小贝的成功复仇，也让他彻底摆脱了 4 年前被罚下场的心理阴影。

下半场，阿根廷队大举反攻，但英格兰队却选择"铁桶阵"防守策略，"蓝白军团"无计可施，苦战 90 分钟未果，无奈地吞下 0 比 1 的苦果。这是阿根廷队自 2000 年 7 月，在世界杯预选赛中负于巴西队之后正式比赛的首场失利。

赛后，阿根廷媒体对科里纳的点球判罚表示质疑，《奥莱报》就在其网站上发表滚动式新闻："难道英格兰队的前锋在空中自己摔了一跤？波切蒂诺碰到他了吗？不管怎么样，裁判还是判了点球。而贝克汉姆一脚定音。"阿根廷队主力后卫萨内蒂则表示："球队的失利主要是因为对于机会的把握不够，在英格兰队进球后收缩防守的时候，我们尤其获得了更多的机会，但是我们却没有抓住。"

1 胜 1 负的阿根廷队必须在小组赛最后一战击败瑞典队方可确保出线。逆境之下，贝尔萨大胆求变，他在首发阵容中更换了三名中后场球员，分别是查莫特取代普拉森特，阿尔梅达代替西蒙尼，艾马尔顶替有伤在身的贝隆。

北欧劲旅瑞典队此前两场比赛一胜一平，占据了出线的主动权，所以本场比赛，他们只要收获平局，就可以确保出线，他们采用了保守的应对策略——"铁桶防线"严阵以待。阿根廷队的狂轰滥炸并没有收到效果，第 57 分钟，阿尔梅达回撤防守时对斯文森犯规，被黄牌警告。斯文森在 25 米外一脚弧线任意球紧贴左侧立柱入网，阿根廷队门将卡巴雷罗虽然奋力碰到了皮球,但仍无力阻挡皮球入网。瑞典队偷袭得手,反而取得领先,将阿根廷人逼入绝境。

第86分钟,琼森在禁区内踢倒奥特加,裁判判罚点球,奥特加主罚被瑞典队门将海德曼挡出,克雷斯波提前启动在门前6米补射入网将比分扳平。此后,阿根廷队疯狂围攻瑞典大门,但为时已晚,1比1,阿根廷队收获一场尴尬的平局。而另一场比赛,英格兰队与尼日利亚队同样0比0战平,这样,F组最终的积分是瑞典队同英格兰队均为1胜2平,携手出线,而阿根廷队则惨遭出局。

值得一提的是,在同瑞典队的比赛打到上半场补时阶段时,时隔8年重返世界杯舞台的卡尼吉亚在替补席上吃到红牌被罚出赛场,"风之子"最后一次代表国家队出战,以这样一种令人哭笑不得的方式结束了。

夺冠大热阿根廷队小组赛即打道回府,成为继上届冠军法国队小组出局之后的又一大冷门。主教练贝尔萨说:"我感到非常伤心和失望,赛前我们把自己看成了夺冠大热门,我们应该在比赛中证明这一点,但我们没有做到。"贝尔萨还表示,外界并没有给阿根廷队造成太大压力,之所以输给瑞典队,完全是自己没有发挥好。

33岁的巴蒂以56个进球位列阿根廷队史射手榜第一,但世界杯出局,似乎也告诉"战神","蓝白之路"已经走到尽头。巴蒂无奈地说:"一切都结束了,痛苦是双倍的。我曾梦想过以另一种方式来结束国家队生涯。"如同巴蒂饱受创伤的祖国阿根廷一样,阿根廷的球员们将用很长时间来抚平这次世界杯所带来的巨大伤痛,"战神"已经老了,巴蒂已难堪重任。阿根廷足球正陷入低谷之中,他们需要一个新的领袖。

马拉多纳接班人

当神远去,众生嗟叹,他们渴望找到新的寄托,来抚慰自己的心灵。纵观世界体坛,每个领域里都会有一个被奉为"神"的运动员,迈克尔·乔丹之于篮球,桑普拉斯之于网球,"老虎"伍兹之于高尔夫,斯蒂芬·亨得利之于斯诺克,马拉多纳?好吧,之于阿根廷足球。

如同 NBA 在"飞人"退役之后不断推出各类"乔丹接班人",阿根廷足坛也在"后球王时代"寻找着一个又一个"马拉多纳接班人"。这些人,大多成长于老马呼风唤雨的年月,对于阿根廷人心目中的"神"拥有触目惊心的观感和领悟。他们有的性格与老马神似,有的球风一脉相承,有的则师出同门。无论怎样,他们占据了阿根廷足球历史相当大的一部分,以至于成为一种"现象"。

1998 年和 2002 年世界杯,是马拉多纳接班人登堂入室,尝试接管阿根廷足球领袖权杖的开始。奥尔特加和艾马尔是两位最早期的"老马接班人",先后在两届世界杯中亮相,但都没有拿出令人折服的表现。此后,"兔子"萨维奥拉和"大头"达利桑德罗横空出世,但随着时间的流逝,当年意气风发的天才,都成了球迷记忆里的匆匆过客。而在这份榜单中,还有诸如里克尔梅、特维斯、拉维奇,等等一长串名字,唯独一个人看上去无限接近马拉多纳,他就是里奥·梅西。

关于梅西的成长史,不需要着墨太多,因为那早已不是什么秘密。但他的国家队生涯履历,还要从佩克尔曼教练和 2005 年世青赛说起。

2002 年兵败日韩世界杯之后,贝尔萨并没有立马下课,而是继续担任阿根廷主帅一职,他的带队成绩依旧突出,率领国奥队摘得雅典奥运会男足金牌,同时率领国家队在预选赛上顺风顺水。但就在这个节骨眼上,贝尔萨却突然宣布辞职,阿根廷足协邀请了在青训领域成就非凡的佩克尔曼出任主教练。

1981 年到 2001 年期间,佩克尔曼干了 20 年的青训工作,他默默无闻,却功勋卓著。他似乎永远没有脾气,嗓音细,说话轻,动作小,无表情,略有些驼背,外表很不起眼。但就是这样一位教练,为阿根廷足球培育成了一代又一代"马拉多纳接班人"。佩克尔曼曾率阿根廷队在 1995 年、1997 年和 2001 年三次夺取世界 20 岁以下青年足球锦标

赛冠军，里克尔梅、艾马尔、坎比亚索、萨维奥拉、达利桑德罗均曾在佩克尔曼的麾下征战世青赛。说他是"阿根廷足坛教父"，毫不为过。

佩克尔曼以擅于挖掘和训练年轻球员而闻名，而梅西之所以能够早早地在国家队立足，也同样离不开佩克尔曼的信任。2005 年，梅西和阿奎罗领衔的阿根廷国青队在荷兰世青赛中第五次夺冠，年仅 18 岁的梅西打进 6 球，包揽了赛会金靴和金球奖。同样的小个子身材，同样的左脚将，同样的速度惊人，梅西实在是太像阿根廷球迷记忆中那个伟大的 10 号球员了。

世青赛的出色表现，成功打动了佩克尔曼，他很快就将年纪轻轻的梅西招入了国家队，并在同匈牙利队的热身赛中让他替补洛佩斯出战，但遗憾的是，第一次代表国家队比赛的梅西过于紧张，很快吃到红牌。赛后，躲在更衣室角落里哭泣的梅西，收到了佩克尔曼的安慰:"忘记今天发生的一切吧,里奥。回巴萨好好踢球,踢出自己的水平,我们会继续关注你的表现,我们希望你能去参加世界杯。过去的事情就让它过去吧,我们应该要向前看。"

2005年10月9日,首次为阿根廷队首发出场的梅西就在对阵秘鲁队时创造点球,而导致秘鲁门将布特隆染红离场。佩克尔曼兴奋地表示:"尽管梅西还很年轻,但他证明了自己是一名伟大的球员。" 为了表示对梅西的重视,佩克尔曼2006年年初特意飞往巴塞罗那拜访梅西的父亲豪尔赫,阿根廷队主帅表示:"我非常关注里奥,他是我的球员。"佩克尔曼没有食言,他将梅西招入2006年德国世界杯的阿根廷队23人大名单,"小跳蚤"首次登上了世界杯的舞台。

18岁的梅西没有像18岁的马拉多纳一样错过世界杯,佩克尔曼没有因为他太年轻而将其排除在国家队大门外。相反,他觉得这个孩子太需要世界杯这样的大舞台来锤炼自己。作为衡量一位阿根廷超级球星是否及格的永恒标尺,马拉多纳对梅西的评价自然是最关键的,而面对18岁的梅西,老马的点评是:"一个货真价实的天才球员,前途不可限量。"

2005年8月,马拉多纳在他自己主持的《10号之夜》节目中第一次和梅西碰面,他亲口将梅西封为自己的"接班人"。马拉多纳说:"梅西是一位足球天才,我认为他和我很像。他和罗纳尔迪尼奥一样,都是世界上最好的球员。"不过他也劝告媒体,不要总是拿梅西和他去比较。"梅西最让我吃惊的是他的控球,一点问题也没有,他能用脚背带球,球感很强,这是他的与众不同之处。"

真正的"马拉多纳接班人",就这样走进了球迷的视野,而2006年世界杯,是这个"神的传人"亮相世界的开始。

第四章/百舸争流　　　ARGENTINA NATIONAL FOOTBALL TEAM

死亡之组 /2006 年德国世界杯

　　虽然在 2006 年世界杯预选赛的备战周期里，阿根廷队经历中途换帅，但无论是贝尔萨还是佩克尔曼带队，"潘帕斯雄鹰"的表现都顺风顺水。阿根廷队提前三轮便锁定出线名额，并且是以 3 比 1 击败巴西队的方式。直到最后一轮，巴西队才在积分上追平阿根廷队，并凭借净胜球优势位列第一，阿根廷队居第二。

　　相比贝尔萨那种狂热型的个性主帅，佩克尔曼的执教风格要收敛得多，他虽然也是坚持阿根廷传统足球套路，但在执行策略上要相对温和。在接过帅印之后，他第一时间就拨通了里克尔梅的电话，将昔日爱将招入麾下，让这个在贝尔萨时代壮志未酬的中场大师首次获得了征战世界杯的机会。

　　佩克尔曼打造了一支围绕里克尔梅为中场核心的进攻型球队，但不同于贝尔萨那种强调速度的攻势足球，佩帅的理念是更注重配合的成功率，那种水银泻地般的进攻回合少了很多，但阿根廷球员之间的传接球依旧流畅。最终敲定 23 人大名单时，佩克尔曼的阵中云集了索林、克雷斯波、特维斯、萨维奥拉、艾马尔、里克尔梅、马克西·罗德

里格斯、坎比亚索、阿亚拉、马斯切拉诺、布尔迪索、海因策、梅西等老中青三代球员，综合实力并不赖。

不幸的是，阿根廷队在德国世界杯的分组抽签中，再一次落入"死亡之组"。他们同荷兰队、科特迪瓦队和塞黑队一道分在C组。从1930年参加首届世界杯至今，阿根廷队屡次被分入"死亡之组"，尤其是上一届韩日世界杯，他们正是因为跟英格兰队、瑞典队和尼日利亚队在一起，小组赛后即打道回府。

连续两届世界杯均抽中下下签，阿根廷人只能自认倒霉，但他们高傲如"潘帕斯雄鹰"，并不认为这会阻碍他们发起对大力神杯的冲击。面对严峻的形势，佩克尔曼仍然信心爆棚，他表示要率阿根廷队在德国世界杯上走得更远，直至最后夺冠。但是阿根廷国内对于佩克尔曼的这支球队并没有十足的把握，尤其是老佩坚持以里克尔梅为核心的策略更是一直饱受争议。世界杯开始前的一项调查显示，有近六成的阿根廷球迷反对将里克尔梅作为先发，原因是他的速度太慢，而且缺少性格，无法担当领袖一职。

如果说民意只代表了情绪，无法理性诠释，那媒体界的声音则多少反映出这届阿根廷国家队的分量，来自阿根廷大陆电台的记者马蒂斯·卡洛斯并不看好球队的前景，理由同样是里克尔梅的领袖气质不够，"佩克尔曼太信任里克尔梅了，他是个世界级的中场球员，但节奏太慢了，没速度，艾马尔其实更好。"

但是佩克尔曼不以为然，他坚持认为里克尔梅是球队最好的中场指挥官。6月10日，阿根廷队首战科特迪瓦队的赛前新闻发布会上，老佩公布了首发名单，里克尔梅毫无疑义地坐镇中场，而艾马尔则无缘先发。比赛第24分钟，里克尔梅开出的任意球在科特迪瓦队禁区内引起混乱，克雷斯波后插上弹射打破僵局。第38分钟，里克尔梅妙传直塞打身后，萨维奥拉反越位成功后轻松扩大领先优势。虽然此后被德罗巴扳回一球，但阿根廷队还是以2比1击败对手，首战告捷。

里克尔梅在首战中表现出色，完美诠释了"10号球衣"的定义，也回击了球迷和媒体对自己的质疑，佩克尔曼表示："巴西拥有小罗，而我们则有里克尔梅。他是真正的天才，他的传球很出色，而且从来不会犯任何错误。"

第二场比赛，阿根廷的对手是塞黑队。赛前，所有人都认为南美劲旅和欧洲拉丁派将在盖尔森基兴展开一场针尖对麦芒的生死较量，但没想到阿根廷队最终将自己的整体进攻发挥得淋漓尽致，以6比0狂扫对手，在创造那届世界杯最大比分的同时，也让所

第四章/百舸争流　　　　　　ARGENTINA NATIONAL FOOTBALL TEAM

有球迷和专业人士瞠目结舌。马克西·罗德里格斯"梅开二度"，坎比亚索、克雷斯波均破门得分，而下半场第70分钟，佩克尔曼连续换上特维斯和梅西，两人也不负所望，收获了个人世界杯的首粒进球。

阿根廷队两战全胜，净胜7球，已提前获得出线权。末战与"无冕之王"荷兰队的比赛，将决出小组头名的归属。佩克尔曼在赛前将梅西和特维斯排入先发，《体育生活》网站表示对于双方来说，这是一场宿命之战。因为阿根廷队与荷兰队在世界杯历史上渊源颇深，两队的上一次交锋正好是1998年的1/4决赛，当时博格坎普闪耀全场，率队2比1淘汰阿根廷队。

不过，这一次交锋，双方苦战90分钟都未能攻破对手大门，一场举世瞩目的宿敌之争，以0比0收场，阿根廷队凭借净胜球优势晋级16强，约战墨西哥队。值得一提的是，这场比赛之前，佩克尔曼有意让体能状况不佳的里克尔梅轮休，但后者坚持要上场比赛，

99

然而荷阿一战消耗极大，这为里克尔梅淘汰赛阶段的发挥失常埋下了隐患。

6月24日，阿根廷队与墨西哥队在莱比锡中央体育场打响1/8决赛，而这一天恰好是里克尔梅28岁和梅西19岁的生日。新老两位"马拉多纳接班人"在同一天庆生，胜利自然是最好的礼物。然而，阿根廷队在这场比赛中陷入鏖战，墨西哥队率先破门取得领先，4分钟后克雷斯波制造乌龙扳平比分。随后两队陷入胶着，直到常规时间第84分钟，佩克尔曼才换上梅西，但仍然无法收获进球。加时赛上半场第8分钟，马克西·罗德里格斯在接到队长索林的大范围转移后胸部停球抽射，打出了一记漂亮的世界波，洞穿墨西哥队球门，帮助球队反超获胜。

艰难取胜的阿根廷队在1/4决赛的对手，是东道主德国队。事实上，德国队是阿根廷队交手最多的欧洲球队，在双方已经有过的16次交手中，阿根廷队的成绩略占优势，共取得了7胜4平5负的成绩。此外阿根廷队还曾经两次同前民主德国队交手，在与前民主德国队的比赛中阿根廷队共取得了1胜1平的成绩，其中在1974年的世界杯上阿根廷队在盖尔森基辛与前民主德国队1比1握手言和。

阿根廷队长索林在接受采访时表示："作为东道主德国队，他们是本次世界杯的夺冠热门，在周五的比赛中他们将获得来自整个体育场的支持，而我们只能去依靠自己的力量。德国队对于战术的贯彻十分坚决，连续的胜利使他们信心十足。对于我们来说，如何将比赛纳入到我们的节奏中将是最重要的。"

但是，这场焦点大战最终没有被纳入到阿根廷队喜欢的节奏，德国人的强悍和务实，让"潘帕斯雄鹰"迷失了方向，虽然阿根廷队凭借阿亚拉的头球先拔头筹，但德国人在第80分钟同样利用头球，由克洛泽扳平比分。此后，双方均无建树，点球大战如期而至。

点球大战中，阿根廷队第二个出场的阿亚拉和第四个出场的坎比亚索的罚球，均被德国队门将莱曼扑出。东道主以总分5比3淘汰阿根廷队，闯进4强。

赛后，佩克尔曼在比赛中的两次换人引发了巨大的争议，分别是用坎比亚索换下里克尔梅和用高中锋克鲁斯换下克雷斯波，这被视为两次让人看不懂的毁灭性换人策略。此外，媒体也对佩克尔曼不派梅西出场表示质疑。当然，媒体也不忘拿里克尔梅在淘汰赛中的表现不佳来炮轰佩帅，因为里克尔梅早已不在巅峰期，体能状况不佳，而且对于球队的战术思路，佩克尔曼缺乏B计划，一旦里克尔梅陷入低迷，球队便不知所措。

兵败德国之后，阿根廷主教练佩克尔曼悲伤地说："我做了在我范围之内的力所能及的一切！"失利让他立即做出了离任的决定，"可以肯定的是，我不会再继续了。我会很坚决地离去。"

第五章
华丽的忧伤
2006—2018

国王归来

佩克尔曼下课之后，63岁的老帅巴西莱重新被阿根廷足协委以重任。这位曾经率领阿根廷队两夺美洲杯冠军的进攻大师，将继续他未完成的使命——帮助"潘帕斯雄鹰"重登世界杯的巅峰。

与此同时，经历了首次世界杯洗礼的梅西和特维斯，将成为阿根廷队下一个世界杯备战周期里重点培养的对象，他们需要在俱乐部和国家队层面更快地成长。巴西莱的第一个挑战来自于2007年美洲杯，阿根廷队自从1993年夺冠之后，再也没能染指这项赛事的锦标。为了打破冠军荒，阿根廷足协派出了超强阵容，但最终却铩羽而归。

阿根廷队从小组赛开始一路高歌猛进，已经成为队中绝对主力的梅西表现抢眼，但在决赛中，阿根廷队却被巴西队以3比0干脆利落地击溃。虽然未能夺冠，但巴西莱并不觉得失望，他在谈到自己的建队方针时说："我选一些队员并非只是为了让他们参加美洲杯，世界杯预选赛明年将开始，我们的目标是南非赛场。"

2007年美洲杯，也是梅西从"天才少年"走向"超级巨星"的开端，随着罗纳尔迪尼奥在巴萨的状态日渐下滑，20岁的梅西开始逐步成为俱乐部的未来基石。他的一系列表现，让所有阿根廷球迷愈发相信，他就是真正的"马拉多纳接班人"。也正是在这一年，复制老马的"连过五人"和"上帝之手"、对皇马上演"帽子戏法"、世界足球先生评选跻身前三，梅西正在一步步成为阿根廷队新的领袖。

2008年，梅西、阿圭罗、迪马利亚、马斯切拉诺和里克尔梅组成的阿根廷国奥队征战北京奥运会，这支实力超群的队伍兵不血刃地在鸟巢卫冕，梅西收获个人第一枚奥运金牌。这届国奥队里的几大适龄主力，正是此后阿根廷国家队的核心组成部分。奥运会归来后，梅西开启了他通往顶级巨星的传奇之路，2008/2009赛季，他帮助巴萨完成了史无前例的三冠王伟业，并在2009年包揽世界足球先生和金球奖。

瓜迪奥拉打造的巴萨"宇宙之师"，让梅西如鱼得水，他收获了比马拉多纳更辉煌的俱乐部荣誉，但在国家队，却是另一回事。

巴西莱率领阿根廷队在预选赛中磕磕绊绊，10轮过后，球队仅仅排在南美区第4位，

第五章/华丽的忧伤　　　ARGENTINA NATIONAL FOOTBALL TEAM

出线形势并不明朗。在巨大的国内舆论压力下，巴西莱递交了辞呈，而在新主帅的任命上，阿根廷足协做出了一个让世人都震惊的决定——马拉多纳成为国家队主教练。

"这对我来说无疑是莫大的荣耀，我将尽我自己的全力带好国家队。以后我每天工作的目的就是为了让阿根廷队的实力越来越强大。"马拉多纳上任之后的第一件事，就是任命马斯切拉诺为队长，此外，他还带来了率领阿根廷问鼎1986年世界杯冠军的功勋老帅比拉尔多、奥运金牌主帅巴蒂斯塔以及何塞·布朗也进入教练组辅佐球王工作。

阿足协主席格隆多纳在新闻发布会上昭告天下："对于阿根廷足球而言，今天是一个特别的日子。"

阿根廷足球的"国王"以一种全新的身份归来，他当务之急是率领"蓝白军团"在剩余的8轮预选赛中全身而退，保住直接晋级的名额。但老马的执教履历实在太过寒酸，阿根廷的战绩并没有在他上任后取得质的飞跃，反而连遭败仗，1比6输给玻利维亚队，平了国家队史最大输球纪录。倒数第4轮和第3轮，阿根廷队先后以1比3和0比1的比分不敌巴西队和巴拉圭队，排名跌到第五位，已经无法获得直接出线权。最后两轮与秘鲁队和乌拉圭队的比赛，就成了阿根廷队入围南非世界杯的生死战，马拉多纳的球队被逼到悬崖边缘。

10月11日，阿根廷队在风雨交加的布宜诺斯艾利斯百年纪念球场，凭借"疯子"帕勒莫在补时阶段的进球，2比1绝杀

秘鲁队，这样一来，阿根廷队积 25 分，重新回到积分榜第 4 位。乌拉圭队积 24 分排名第五。最后一轮，阿根廷队将在客场挑战乌拉圭队，这场比赛将直接决定南美区最后一个直接晋级的名额。

10 月 14 日，乌拉圭蒙德维的亚，"拉普拉塔河德比"火爆上演，阿根廷队凭借博拉蒂的进球，1 比 0 惊险击败乌拉圭队，拿到南美区最后一个直接晋级世界杯决赛圈的名额。当比赛补时 3 分钟结束之后，马拉多纳第一个拥抱的是年近 70 的"大鼻子"比拉尔多。在镜头前，在众目睽睽之下，一个中年男人和一个老年男人若无其事地紧紧拥抱，比拉尔多的左脸贴着马拉多纳的右脸，两个人的眼中都饱含泪水。见到爱徒动容，比拉尔多甚至还在马拉多纳的脸颊献上了深情的一吻，这一幕，足够击碎所有的不睦，所有的矛盾和所有的利益冲突。

赛后，马拉多纳出席新闻发布会时，眼睛里依然噙着泪水，他告诉在座所有的记者："我们走到今天不容易，我感谢球迷，感谢球员，感谢其他所有帮助我们的人。但是其他的，见鬼去吧。"

同时，在谈到整个预选赛期间表现不佳的梅西时，马拉多纳也给予了充分的包容与支持，"梅西扛起了一份责任，他是这支球队未来的主人"。2010 年南非世界杯，马拉多纳与梅西，阿根廷新老两代球王珠联璧合，他们能否在非洲大陆演奏出华美的探戈舞曲？传奇，亟待书写。

梦碎南非 / 2010 年南非世界杯

　　世界杯预选赛改用大循环制以来，这是阿根廷队晋级最艰难的一次，所幸"天佑潘帕斯雄鹰"，"蓝白军团"还是在最后一轮成功续命，开赴南非。

　　马拉多纳对自己人生的第一次世界杯执教之旅颇为期待，他开始着手打造自己的"马家军"。跟十年前贝尔萨坚决不带里克尔梅一样，老马也将这位中场艺术大师排除在大名单之外，但与贝帅不同的是，马大帅弃用里克尔梅是因为二人性格不合。后者由于不满老马对自己的尖锐批评，在 2009 年就宣布退出国家队，此后，阿根廷队在预选赛中表现挣扎，球迷和媒体曾呼吁老马起用里克尔梅，但倔强的马拉多纳不为所动。比拉尔多也支持主帅大人的英明决定，因为他老人家也认为里克尔梅对于当前这支队伍来说，弊大于利，弃用合乎情理。

　　在最终给出的大名单中，37 岁的帕勒莫、35 岁的贝隆和 32 岁的海因策是队中资历最老的球员，梅西、特维斯、伊瓜因、阿奎罗组成豪华锋线，马斯切拉诺仍然佩戴队长袖标。谈及即将开打的世界杯，比拉尔多表示："我们就像巴西队和意大利队一样，永远是世界杯的夺标热门。"

　　阿根廷队在分组抽签中，没有再延续过去两届的霉运，他们被分在了 B 组，同组另外三个对手，分别是韩国队、尼日利亚队和希腊队，整体实力偏弱。6 月 12 日，马拉多纳世界杯执教首战，对手是"非洲雄鹰"尼日利亚队，比赛开场 6 分钟，阿根廷队就凭

借一次角球的机会,由海因策叩开对手大门。"蓝白军团"顺利地以1比0赢下首场比赛,取得了世界杯的开门红。

6月17日,小组赛第二战对阵韩国队。第17分钟,梅西开出任意球造成韩国队球员自摆乌龙,此后,"小烟枪"伊瓜因连入三球,完成"帽子戏法",阿根廷队以4比1大胜韩国队,取得两连胜。如此,阿根廷队提前锁定出线名额,末战对希腊队,他们只需打平即可确保头名。

这一次马拉多纳吸取上届世界杯的教训,没有在末战尽遣主力出战,赛前他更换七名首发,队长袖标第一次戴到了梅西的胳膊上。尽管双方实力悬殊,但阿根廷在大部分时间里破门乏术,直到比赛第77分钟,才由31岁的中后卫德米凯利斯打进第一球。第89分钟,"疯子"帕勒莫再入一球,将比分定格在2比0。阿根廷队3战全胜,进7球仅丢1球的成绩,昂首晋级16强。

预选赛狼狈出线,顶着阿根廷国内媒体铺天盖地的批评声来到南非的马拉多纳,终于在小组赛结束后长舒一口气,高傲的老马不忘炮轰媒体:"你们都说了很多批评的话,现在回头看看,你们都错了。"马拉多纳在赛后的新闻发布会上说,"你们甚至表现出对这些队员的不敬,你们应该道歉。"

不过,苛刻的阿根廷球迷并不买账,球队虽然在小组赛表现出色,但他们却发现梅西颗粒无收。事实上,在马拉多纳的战术体系中,梅西无法像在巴萨时那么自如,他的身后没有哈维和伊涅斯塔,而且马大帅要求梅西的位置后撤,更多地让他来扮演前场的组织者,而非巴萨阵中的"终结者"。所以,即便3场比赛梅西射门20脚,是所有球员里最多的,但他仅仅两次击中门柱,没有收获进球。

然而马拉多纳却对此毫不担心,他认为从本届世界杯已进行的比赛来看,梅西仍然

是最棒的。"别的球员还不及他（梅西）的30%，没一个人达到他的三成。不知明天会不会有人说我高傲，但我确实认为连达到特维斯三成的人也没有。"嚣张的老马还表示梅西已经接近了自己1986年的水准，"事实上已经达到了，但我们别做比较好不好。莱奥准备好了上场，并准备好戴着皇冠结束。"

阿根廷队在1/8决赛的对手是墨西哥队，这是两队连续第二届世界杯在该阶段会师，2006年世界杯赛上"蓝白军团"在加时赛凭借罗德里格斯一脚天外飞仙般地破门，艰难地以2比1淘汰对手。此番再度相遇，他们希望能够兵不血刃地结果对手。

本场比赛"潘帕斯雄鹰"取得领先，第26分钟，梅西直传特维斯形成单刀，墨西哥队门将佩雷斯扑出皮球，但球落到了梅西的脚下，后者挑传过顶，已经明显处在越位位置的特维斯头球破门。虽然墨西哥球员情绪激动地围住裁判理论，但主裁判不为所动，坚持进球有效。第33分钟墨西哥后卫奥索里奥低级传球失误，伊瓜因拿球晃过佩雷斯轻松打空门，攻入了他本届世界杯的第4粒入球。阿根廷队在上半场取得2比0的领先。

下半场第52分钟墨西哥队再遭打击，特维斯接海因策妙传后试图再传被挡，他跟上一脚远射洞穿墨西哥队球门，将场上比分改写为3比0。大比分领先的阿根廷队随即改变战术，开始控制场上节奏，墨西哥队员显得情绪急躁，此后双方都没能取得进球。阿根廷队以3比0完胜宿敌，挺进8强。

1/4决赛在开普敦的绿点球场打响,又是经典的"德阿大战",马拉多纳对于这个对手可谓感触颇深,他的世界杯封神之旅就是以绝杀德国队作为收官,而他人生中最痛心的失利同样是拜"日耳曼战车"所赐。4年前,德国人依靠点球大战的胜利,粉碎了佩克尔曼继续前进的企图,如今,马拉多纳率队卷土重来,他要新仇旧账一并清算。

但相比攻守更为均衡的德国队,阿根廷队在本届世界杯上明显攻强守弱,他们虽然在前四场比赛中仅丢一球,但这无法掩盖后防线脆弱不堪的事实。德国队的攻击线,远强于墨西哥队、韩国队、尼日利亚队和希腊队之流,而且他们刚刚在英格兰人身上带走了一场4比1的大胜,面对阿根廷队,他们更加自如和从容。

最终的结果也印证了多数人的预测,阿根廷的战术打法根本无法撼动这辆"德意志战车",在这场耻辱性的惨败中,马拉多纳的执教水准被打回了原型。前四场连胜所积攒下的口碑,在这一战中荡然无存,而梅西则继续着整届世界杯形同梦游的状态,面对人高马大的德国人,"梅球王"无计可施。阿根廷队以0比4惨遭蹂躏,止步8强。

以如此大的分差输给宿敌,这让阿根廷球迷极为不满,而马拉多纳自然成了他们的出气筒。事实上,老马在面对德国队时的临场应变的确问题颇多,比如他明知道德国队会屯兵中场,虽不抢占进攻先机,可防守反击却足以考验阿根廷队后防的退守速度,而正因如此,德国队才不断地扩大着比分,可马拉多纳除了站在场边,抱怨裁判执法不公外,他什么都没做。

赛后,《天空体育报》评论道:"德国队无情地摧毁了马拉多纳的世界杯之梦。"而整届世界杯没有收获一粒进球的梅西,则在更衣室里失声痛哭。在新闻发布会上,当有记者质疑梅西的表现时,马拉多纳再也忍无可忍:"那些说梅西不为这身球衣付出的

人都是蠢货！"

　　无论马拉多纳再怎么跟媒体吵嘴，球队出局的命运都已经无法改写，阿根廷足球自从 1990 年之后，再也没能接近过世界之巅。强大如马拉多纳，亦无能为力。他的国家队执教生涯，以一种戏剧化的方式宣告结束，没有惋惜，没有挽留，甚至没有哀叹。挥泪告别南非的那一刻，马拉多纳不愿意过多地去回忆，他辞去了国家队主教练的职位，也带走了最后一丝对阿根廷足球重返巅峰的努力。

　　不过，阿根廷队还有梅西，虽然"小跳蚤"在南非一无所获，但他只有 23 岁，4 年后的巴西世界杯，才是真正属于"准球王"的加冕礼。

　　所以，阿根廷，别为我哭泣，擦干眼泪，静候奇迹。

梅西时代 / 2014 年巴西世界杯

马拉多纳辞去阿根廷队主帅一职后，曾率领国奥队在北京奥运会上夺得金牌的巴蒂斯塔成为"蓝白军团"的新任主教练。阿根廷足协希望利用接下来的三年时间厉兵秣马，为 2014 年巴西世界杯夺冠做好充分的准备。巴蒂斯塔上任后的第一个挑战，是带领球队结束 18 年无大赛锦标的尴尬纪录，因为这一年，第 43 届美洲杯赛将在阿根廷举办。

与此同时，梅西虽然在 2010 年世界杯上表现一般，但在年终的首届国际足联金球奖评选中，"意外"地击败两位巴萨队友——伊涅斯塔和哈维，连续两年荣膺世界最佳球员奖项。国家队失意的发挥，并没有影响梅西在俱乐部的无限风光，在 2010/2011 赛季，他帮助巴塞罗那再一次席卷欧陆，实现了西甲三连冠，并在两年内第二次问鼎欧冠冠军。

毫无疑问，这是属于梅西的时代，但仅限于俱乐部层面。在国家队，梅西还没有真正证明过自己，从 2006 年世界杯开始，他连续代表"蓝白军团"参加三届大赛，整体表现乏善可陈。2011 年美洲杯，他希望在家门口率队夺冠，从而洗刷梦碎南非的阴霾，让那些质疑自己"国家队隐形巨星"的人闭嘴。

只可惜，巴蒂斯塔的阿根廷队没能在主场走得更远，带着西甲和欧冠第一射手光芒的梅西，也没能在美洲杯上灵魂附体。"蓝白军团"在 1/4 决赛中即遭乌拉圭队点杀，梅西在全部五场比赛中一球未进，再一次成为阿根廷球迷口诛笔伐的对象。

美洲杯失利后，巴蒂斯塔即遭解雇，曾经担任帕萨雷拉助手的萨维利亚成为新主帅。阿根廷队要尽快调整好状态，因为 10 月 7 日世界杯南美区预

选赛即将拉开大幕，巴西队由于是东道主，所以无须参加预选赛的争夺，阿根廷队少了一个直接竞争对手，这让他们的晋级之路相对容易了许多。

虽然在预选赛初始阶段阿根廷队经历了一些波折，但萨维利亚还是顺利地带领球队走出了低谷，阿根廷队提前两轮锁定世界杯的决赛圈名额，并最终以9胜5平2负积32分的成绩，位列南美赛区第一。

萨维利亚的性情与佩克尔曼相似，他不是帕萨雷拉、贝尔萨和巴西莱那样的个性化教练，更没有马拉多纳高傲的身份，在队中，他总是一副老好人的形象。在对球队的改造上，萨维利亚成功帮助梅西摆脱了"国家队隐形人"的困扰，让这位当世第一高手迸发出了应有的能量。

在萨维利亚的手中，梅西在16场预选赛中打进10球，位列南美区预选赛射手榜第二位，仅次于乌拉圭"神锋"苏亚雷斯。而在此前的四位主教练手下，梅西各项赛事总共才打进了17个球。萨维利亚确立了梅西绝对核心的地位，他是球队的进攻策动者，从后场传来的球必须要经过他的脚下，然后向对方阵地传送。这是此前包括马拉多纳在内的所有主帅都没有重视的事情，但萨维利亚做到了。

伴随着球队顺利晋级世界杯，两年来，梅西在巴塞罗那依然保持着令人侧目的表现，2012年，他缔造了史无前例的自然年进91球的纪录，连续4年荣膺金球奖，史上第一人。全世界的球迷、媒体乃至同行们都认为："梅西只差一座大力神杯，就将加冕新一代'球王'。"而2014年的巴西世界杯，就是他向这个皇冠发起冲击的时刻。

在巴西世界杯的分组抽签中，阿根廷队与波黑队、伊朗队和尼日利亚队同处F组，是公认的综合实力最弱的一组，阿根廷队的出线形势一片大好。这一届阿根廷国家队，梅西是当之无愧的队长和核心，萨维利亚的首发阵容是门将罗梅罗，后防线上加雷、罗霍、萨巴莱塔、费尔南德斯和坎帕尼亚罗，中场迪马利亚、马斯切拉诺和马克西·罗德里格斯，锋线上则是阿圭罗和梅西搭档。

6月16日，阿根廷队首场比赛对阵波黑队，开场128秒"蓝白军团"就取得进球，梅西左路任意球传中，罗霍小禁区前头球攻门偏出，但皮球打在科拉西纳茨腿上偏转入右下角。这是世界杯历史上最快的乌龙球。第65分钟，梅西中前场带球突破，同伊瓜因踢墙配合后在禁区边缘左脚劲射，皮球打中左侧立柱内侧入网，2比0，这是梅西在世界杯上的第2粒进球。此后，虽然波黑队由伊比舍维奇扳回一球，但阿根廷队还是以

2 比 1 获得最终胜利。

6 月 22 日，小组赛第二场对阵伊朗队，梅西再一次扮演关键先生，伊朗队全场疯狂围堵阿根廷队的进攻，让后者在常规时间的 90 分钟里都没能取得进球。直至补时第 1 分钟，拉维齐右路回敲，梅西横拨闪开防守，在门前 22 米处左脚弧线球旋进远角，阿根廷队 1 比 0 绝杀伊朗队。值得一提的是，这是梅西近 7 场国家队比赛踢进的第 8 球，他的 30 个国家队进球，有 29 个是左脚打进。

两连胜的阿根廷队已经提前锁定小组出线权，最后对阵尼日利亚队，只需打平就可获得小组第一。连续两场都取得进球的梅西，在这场比赛中依旧状态火热，他"梅开二度"，其中包括一粒直接任意球，阿根廷队以 3 比 2 战胜"非洲雄鹰"，三连胜头名出线。

世界杯 1/8 决赛，阿根廷队与瑞士队狭路相逢，两队在 90 分钟常规时间里 0 比 0 握手言和，并进入加时赛。"蓝白军团"直到 118 分钟才打进绝杀进球，当时梅西中路突破传球，迪马利亚禁区右侧 14.6 米处低射远角入网。梅西的这次绝妙助攻，在赛后被拿来同马拉多纳在 1990 年世界杯上的"世纪助攻"相比较。4 场比赛 4 个进球 1 个助攻，梅西的状态正佳，而阿根廷队也顺利挺进 8 强，约战年轻的比利时队。

世界杯 1/4 决赛，阿根廷队第 8 分钟就取得领先！马斯切拉诺中圈断球传出，梅西连续转身摆脱敲到右侧，迪马利亚传球碰维尔通亨脚尖变线，伊瓜因在门前 13 米处凌空扫射入左下角，1 比 0。这也是两队全场的唯一进球，阿根廷队顺利地击败"欧洲红魔"，时隔 24 年重返世界杯 4 强。有趣的是，这是阿根廷队与巴西队两个南美豪门第一次同

时晋级 4 强。

半决赛，阿根廷队与荷兰队狭路相逢，迪马利亚因伤缺阵，拉维奇顶替先发，"蓝白军团"与"橙衣军团"鏖战 120 分钟均未能取得进球，比赛进入点球大战。点球大战中，阿根廷门将罗梅罗发挥神勇，先后扑出了弗拉尔和斯内德的射门，而阿根廷队的 4 次罚球全部命中，他们以 4 比 2 淘汰"郁金香"，挺进决赛。

7 月 14 日，里约热内卢马拉卡纳球场，阿根廷队与德国队决战世界之巅，"蓝白军团"是本届世界杯唯一没有比分落后的球队，3 场淘汰赛还没有失球。萨维利亚沿用淘汰荷兰的先发阵容，伤愈的阿奎罗打替补，刚恢复训练的迪马利亚还无法先发。马斯切拉诺 16 场世界杯的出场纪录追平鲁杰里，在阿根廷球员中仅次于马拉多纳（21 场）和肯佩斯（18 场）。阿根廷队首发平均年龄 28 岁零 142 天，德国队首发平均年龄则是 27 岁零 271 天，过去 4 届世界杯决赛，首发更年轻的球队都夺得冠军，这一次，也没有例外。

阿根廷队在比赛中曾多次制造威胁，梅西更是获得了一次单刀球的机会，但他没能把握住机会。一向以脚下活儿细著称的"潘帕斯雄鹰"，在这场决赛中控球率只有 36.1%，德国队在第 113 分钟打破僵局，许尔勒左路加速趟过马斯切拉诺，他的传中越过德米凯利斯头顶，格策前点距门 4 米处胸部停球左脚凌空勾射入远角。阿根廷队没能将比赛拖入到点球大战，在距离大力神杯只有一步之遥的地方，他们轰然倒下。

赛后的颁奖仪式上，梅西被评为赛事最佳球员，但这引发了极大的争议。"球王"马拉多纳说："梅西？如果可能的话我会把一切都给他。但这是世界杯，你必须凭借表现去赢得属于你的东西，我认为他不配获金球奖，这是国际足联的营销手段。"

第五章／华丽的忧伤　　　ARGENTINA NATIONAL FOOTBALL TEAM

　　27岁的梅西和阿根廷，站在了距离世界杯最近的地方，但他们最终欠缺一点运气。萨维利亚做到了他能做的一切，在谈到失利时，他表示："不能拿到胜利我非常伤心，但我仍为了我的球队感到骄傲，他们踢了一场伟大的比赛，要祝贺球员们，他们是国家的骄傲，这是一届伟大的世界杯，我们值得肯定。"

　　4年之后，梅西将年满31岁，他还有机会率领阿根廷队再度向大力神杯发起冲击，但黄金时代已逝，当世第一人还有几成功力率队攀上巅峰？"我们曾经离冠军是那样的接近。以这种方式输掉比赛确实令人恼火。最佳球员？我并不在乎。这不是为竞争个人荣誉而参加的比赛，"梅西说，"这是一个曾经可以将欢乐带给阿根廷球迷的机会，让他们可以忘记悲伤。金球奖并不重要，我只想举起金杯。"

　　2018年的俄罗斯世界杯，梅西会把握住最后的机会，来完成自己加冕"一代球王"的最后一块拼图吗？时间会给予我们答案。

力挽狂澜 /2018年俄罗斯世界杯预选赛

巴西世界杯结束后,萨维利亚即向阿根廷足协递交辞呈,他的国家队使命告一段落。继任者是此前一个赛季在巴塞罗那担任主教练的马蒂诺。未来两年,阿根廷要连续参加2015年和2016年美洲杯赛,这对于刚刚在世界杯赛场上铩羽而归的"潘帕斯雄鹰"来说,不失为一种机会,梅西也希望在美洲杯上打破自己"国家队无冠"的尴尬。

马蒂诺与梅西同为阿根廷罗萨里奥人,根据阿根廷《奥莱报》的报道,此前马蒂诺能够顺利进入巴萨执教,正是因为梅西的大力举荐,梅西也曾对《奥莱报》表示:"我喜欢塔塔(马蒂诺),他是一名高水平的教练。我们看到了他为球队所做的一切,我们都知道他执教的方式还有他的带队水平。他让球队拧成一股绳,每个人都很尊敬他。"

遗憾的是马蒂诺在巴萨仅仅执教一个赛季,就因成绩不佳而被解雇,卸任之后,阿根廷足协向他伸出橄榄枝。马蒂诺并不缺乏执教国家队的经验,他曾在2007年至2011年执教巴拉圭国家队,两度带领巴拉圭参加世界杯,并在2010年世界杯上打进8强。

此外,世界杯归来后的梅西,再一次在巴萨交出了令人为之侧目的成绩单,巴萨在新教练恩里克的带领下,重新夺回西甲霸主的地位,并再一次完成了"三冠王"伟业。梅西、苏亚雷斯和内马尔的"MSN"三叉戟进攻火力超群,而梅西在西甲联赛中打入43球,超越C罗,重新夺回欧洲金靴奖。

2015年,是梅西职业生涯中又一个里程碑式的年份,他时隔两年再次捧回世界金球奖,将俱乐部层面的所有荣誉拿到手软,但在阿根廷国家队,悲剧依旧在上演。

在美洲杯上,阿根廷队派出最强之师,他们一路奏凯,挺进决赛,会师东道主智利队。所有人看来,这是梅西破除"国家队冠军荒"的最佳时刻,因为智利队的整体实力并不比阿根廷队强多少,而且阿根廷队有如日中天的梅西。但最终结果让人始料未及,阿根廷队没有延续半决赛6比1狂胜巴拉圭队的疯狂势头,在对方密不透风的"铁桶阵"中,无法施展自己娴熟的技术优势。两队在120分钟时间里互交白卷,只能通过点球大战一决雌雄。

梅西第一个主罚,他不负众望一蹴而就,但此后阿根廷队登场的伊瓜因和巴内加都

没能将球打进,而智利队的4名主罚手则全部命中,阿根廷队1比4不敌智利队,痛失美洲杯冠军。赛后,阿根廷最大的体育日报《奥莱报》刊登了一篇由该报主编法力内拉撰写的社论,非常严厉地批评了梅西,社论甚至认为梅西不应该戴队长袖标"袖标错误地放置了","梅西的表现是令人愤怒的"。

而身心俱疲的梅西也开始对代表国家队比赛心生倦意,有消息爆出他可能要暂时退出国家队,原因是阿根廷球迷对他和他家人的攻击令其非常受伤。马蒂诺则第一时间力挺梅西,"在经历了美洲杯决赛的失败后,奇怪的事情发生了,如果梅西真地退出阿根廷国家队的话,那就太令人失望了,"马蒂诺说,"梅西是阿根廷在美洲杯上表现最好的球员,马拉多纳在1986年墨西哥世界杯前也被质疑过。"

好在梅西最终没有做出退出国家队的决定。

2016年是南美足协成立100周年,为此破例举办一届特殊的美洲杯,是整个美洲大陆球队参赛的一次盛况赛事。参赛队伍达到16支,由美国主办。这是上天赐予梅西又一次救赎的机会,而率领"蓝白军团"征战美利坚的仍然是马蒂诺。

阿根廷队在决赛之前可谓火力全开,打进18球仅丢2球,几乎是以摧枯拉朽般的势头挺进了纽约大都会球场,站在他们对面的是上届冠军——去年将他们拉下马的智利队,这是绝佳的复仇良机。事实上,阿根廷队与智利队在本届美洲杯中被分在同一小组。小组赛中阿根廷队就曾2比1击败过对手,所以说,赛前媒体和球迷几乎一致认为,5战全赢净胜16球的"蓝白军团"会轻松击溃智利队夺回金杯,但魔咒还是在决赛里应验了。

智利队连续第二年将阿根廷队拖入点球大战,罗梅罗扑出了比达尔的射门,但随后率先代表阿根廷队主罚的梅西则一脚将球踢飞,"蓝白军团"错失领先的绝佳机会,第4轮比格利亚的射门被智利门将布拉沃扑出,智利队第五个主罚的席尔瓦则将球打进。阿根廷队连续两届美洲杯点球决战不敌智利队。

赛后,伤心欲绝的梅西对着媒体宣告自己退出国家队的决定:"对于我本人,以及对于所有人来说,我退出国家队都是一个最好的决定。实际上很多人都希望看到这样的结果,他们对于阿根廷队仅仅打进决赛、但无法夺得冠军的事实感到不满。"

在2018年世界杯预选赛开打前,梅西宣布退出,这对于阿根廷足球来说无异于晴天霹雳,阿根廷足协甚至包括总统,都对梅西的这一决定感到难以接受,所以在仅仅两周过后,梅西就收回了"退出决定"。阿根廷《国家报》表示:梅西将重返国家队。

2016年9月2日,阿根廷队在世预赛对阵乌拉圭队,佩戴队长袖标的梅西在上半场临近结束的时候,用一脚远射敲开了穆斯莱拉把守的球门。阿根廷队最终1比0战胜对手,收获世预赛的开门红。

可惜领袖归来和旗开得胜并没能给阿根廷队带来持续性的好运气,从第二轮开始,"蓝白军团"陷入了求胜乏术的怪圈,连续两轮被委内瑞拉队和秘鲁队两支弱旅战平,

第五章/华丽的忧伤

第三轮更是主场被巴拉圭队以1比0击败，第四轮客场挑战死敌巴西队，"蓝白军团"却以0比3惨败。2017年3月29日，阿根廷队客场又以0比2不敌玻利维亚队，包萨在其带队参加的8轮预选赛中3胜2平3负，只积11分，排名南美区第5，随时都可能无缘世界杯决赛圈。4月份，阿根廷足协对主帅包萨下达了"逐客令"，桑保利成为救火教练。

摆在桑保利面前的任务异常艰巨，他必须率领球队在最后的4场预选赛中取得佳绩，从而确保前四，但低谷中的阿根廷队却收获了一波三连平，最后一场与厄瓜多尔队的比赛之前，他们积分为25分，仅仅排在第6位。如果末战无法取胜，阿根廷队将彻底与俄罗斯世界杯说再见，如果获胜，则至少保留参加附加赛的机会，倘若智利队输球，他们还有可能获得直接晋级的机会。

2017年10月11日，阿根廷队客场挑战厄瓜多尔队，已无任何退路的"潘帕斯雄鹰"，终于迎来了状态爆棚的梅西，在球队开场不到1分钟就丢球的绝境之中，"梅球王"力挽狂澜，连续打进三球，上演"帽子戏法"，并最终率队3比1逆转击败厄瓜多尔队。而在最后一轮争夺中，原本排名第4的智利队意外爆冷输给玻利维亚队，而哥伦比亚队和秘鲁队1比1战平。如此一来，阿根廷队得以跻身到第三位，直接晋级俄罗斯世界杯决赛圈。秘鲁队获得了参加附加赛的机会，美洲冠军智利队则遗憾出局。

绝境之中，梅西归来！

阿根廷队在最后一轮才确保俄罗斯世界杯的参赛资格，这与2010年何其相似。阿根廷足球正在经历他们最灰暗的时刻，跌跌撞撞地挺进世界杯，似乎是一种暗示，而在世界杯分组抽签中，他们落入D组，同冰岛队、克罗地亚队和尼日利亚队同组，是8个小组中最有"死亡之组"相的小组，阿根廷队世界杯之路，并不轻松。

当然，他们有梅西，有那个对世界杯冠军最为渴望的"当世第一强者"，2018年的梅西似乎正走在夺回霸权的道路上，巴萨重夺西甲联赛冠军，国王杯也打进决赛，大有夺取"双冠王"的势头。梅西的个人状态依旧奇佳，这对阿根廷队来说，是个好消息。

经历了2014年巴西世界杯的惜败，2018年，梅西和阿根廷队将再一次重新上路。他们不被看好，他们短板明显，但他们永远是那支让人为之陶醉的球队。

华丽而忧伤，激情而昂扬，我们希望阿根廷足球，在2018年的东欧大地上，奏出最令人心旷神怡的乐章。

世界杯豪门王朝系列

蓝白旗帜

阿根廷列传
ARGENTINA NATIONAL FOOTBALL TEAM

历史四十大巨星
1901 — 2018

■文／西贝林3、马里奥

屠夫 / 蒙蒂

Luis Monti

路易斯·蒙蒂是阿根廷国家队史乃至世界足球史上独一无二的存在。他曾经是"蓝白军团"的铁血领袖，亦是这个视足球为生命的国家所唾弃的"叛徒"。在那个动乱的年代，蒙蒂创造连续两届世界杯跻身决赛的纪录，但不同的是，他代表了两个国家。"双姓屠夫"，由此得名。

他是阿根廷联赛尚处业余时代的明星人物，从飓风队出道，辗转博卡青年队和圣洛伦索队。蒙蒂用细腻的脚法和凶悍的作风，征服众多球迷。1924年，他首次披上蓝白间条衫，并在随后的美洲杯和奥运会中大放异彩，率领球队分别斩获冠军和银牌。

作为国家队绝对核心的蒙蒂，在 1930 年的首届世界杯上一举成名。阿根廷一路挺进决赛，其中蒙蒂在同法国队和美国队的比赛中相继破门。阿根廷队与死敌乌拉圭队会师决赛，可惜未能捧杯。在与智利队的比赛中，蒙蒂由于粗野的犯规，引发双方22人的集体混战。

世界杯决赛的失利，让蒙蒂承受巨大压力，多年后爆出他决赛中失常的表现，是由于在赛前收到来自墨索里尼政府针对其母亲的死亡威胁，因为这个独裁者不希望看到拥有众多意大利移民血统的国家夺冠。1934 年世界杯在意大利举行，墨索里尼不择手段，将蒙蒂、奥尔希和瓜伊塔三位阿根廷球员招致麾下。意大利队一路过关斩将，首次捧起世界冠军奖杯。

蒙蒂在这届世界杯中彪悍依旧，他的野蛮飞铲让对手胆寒，但主场作战外加独裁政府的庇佑，让"屠夫"躲过了制裁。世界杯结束后，国际足联随即出台了新规，即球员只能代表一个国家参加世界杯，蒙蒂式的操作就此作古。

1924 年—1931 年代表阿根廷国家队出场 16 场、进球 5 粒
参加世界杯：1930 年、1934 年 / 世界杯数据：出场 9 场、进球 2 粒
●路易斯·蒙蒂 /Luis Monti ●出生日期：1901 年 5 月 15 日 ●逝世日期：1983 年 9 月 9 日 ●出生地：布宜诺斯艾利斯 ●身高：1.67 米 ●位置：中场 ●主要效力俱乐部：圣劳伦索 / 尤文图斯 ●国家队荣耀：1 届世界杯冠军 /1 届世界杯亚军 /1 届南美锦标赛冠军 /1 届奥运男足银牌 ●俱乐部荣耀：4 届阿甲联赛冠军 /4 届意甲联赛冠军 /1 届意大利杯冠军

神鹿 / 斯塔比莱

Guillermo Stábile

他是阿根廷国家队史上最高效的射手，代表"蓝白军团"出战 4 场比赛打进 8 球，他的国家队球员生涯始于 1930 年世界杯，但也终于 1930 年世界杯。短暂而高产，这就是斯塔比莱"昙花一现"的蓝白辉煌，但足以彪炳史册，光照万世。

1930 年世界杯在乌拉圭举行，斯塔比莱成功入选国家队，身披 10 号球衣。事实上，那届大赛，斯塔比莱起初并不是球队主力，然而与墨西哥队的第二轮比赛，主力中锋罗伯特·谢罗因病缺席，斯塔比莱因此获得首发机会，他不负众望，首次代表国家队参赛就完成"帽子戏法"。有趣的是，这个"帽子戏法"在当时被记录成世界杯历史上第一个"帽子戏法"，并因此保持了 76 年之久。直到 2006 年，国际足联才宣布美国球员帕特诺德在先于斯塔比莱两天的比赛中就完成"帽子戏法"。

首秀惊艳的斯塔比莱，在随后的比赛中光芒万丈，小组赛末战以 3 比 1 取胜智利队，半决赛以 6 比 1 狂屠美国队，"神鹿"分别"梅开二度"，展现出不俗的进攻效率。遗憾的是，阿根廷队在决赛中 2 比 4 惨遭乌拉圭队逆转，无缘夺冠。斯塔比莱攻入了球队的第二粒进球，从而实现单届世界杯 4 场打进 8 球的壮举，荣膺首届大赛的最佳射手。

从 1941 年到 1957 年，斯塔比莱以主帅身份率领阿根廷队六夺美洲杯冠军，那是阿根廷足球的第一个黄金年代。尽管在 1958 年瑞典世界杯上，阿根廷队在小组赛上就铩羽而归，但丝毫不能影响他的传奇地位。作为阿根廷主帅，斯塔比莱执教 123 场正式比赛，取得 83 场胜利，是阿根廷史上首个执教过百场的名帅，直至今日，亦鲜有人可望其项背。

1930 年代表阿根廷国家队出场 31 场、进球 23 粒
参加世界杯：1930 年 / 世界杯数据：出场 4 场、进球 8 粒
●吉列尔莫·斯塔比莱/Guillermo Stábile ●出生日期：1905 年 1 月 17 日 ●逝世日期：1966 年 12 月 26 日
●出生地：布宜诺斯艾利斯 ●身高：1.68 米 ●位置：前锋 ●主要效力俱乐部：飓风竞技 / 热那亚 ●国家队荣耀：1 届世界杯亚军 ●俱乐部荣耀：2 届阿甲联赛冠军 /1 届阿根廷杯冠军 ●个人荣耀：1 届世界杯金靴奖

铁血队长 / 帕萨雷拉

Daniel Passarella

帕萨雷拉 20 岁时，在萨尔米恩托青年队开始踢球，帕萨雷拉的场上位置是中卫，凶悍的防守是他的标志。

帕萨雷拉球员生涯的巅峰是 1978 年世界杯，25 岁的他是阿根廷队的队长，他的统治力和影响力感召着整支球队。在那届世界杯上，阿根廷队的大部分比赛都是在首都布宜诺斯艾利斯的河床体育场进行的，这是帕萨雷拉的主场，他是这里真正的主人。

1978 年阿根廷世界杯，帕萨雷拉和他的球队自然不会错过在家门口作战的好机会，这届杯赛上，依靠帕萨雷拉统帅的后防，卢克、阿尔迪列斯的中场突击，当然还有肯佩斯一个接一个的进球，阿根廷连战连捷。在决赛中，帕萨雷拉更是扮演着非常关键的角色。他带领球队让荷兰队员在场地中足足等了 5 分钟。在这 5 分钟中，阿根廷的球迷能够用山呼海啸般的声音给荷兰队施加压力。之后他又反对荷兰队员范德凯科夫带着护具上场比赛。这些举动使荷兰队员的心理防线彻底崩溃。最终阿根廷队在本土捧起了世界杯。1982 年西班牙世界杯，帕萨雷拉的阿根廷队发挥不佳，在第二阶段输给巴西队和意大利队后被淘汰，本届大赛是帕萨雷拉最后一次参加世界杯。1986 年，他在赛前受伤，退出了后来夺冠的那支阿根廷队。

1989 年，帕萨雷拉在河床队退役，后走上教练岗位。1994 年世界杯后，他接手成为阿根廷国家队主教练，以铁腕治军著称，要求队员一律剪去长发，由此导致雷东多退出球队。

1974 年—1986 年代表阿根廷国家队出场 70 场、进球 22 粒
参加世界杯：1978 年、1982 年、1986 年 / 世界杯数据：出场 12 场、进球 3 粒
● 达尼尔·帕萨雷拉 /Daniel Passarella ● 出生日期：1953 年 5 月 25 日 ● 出生地：查卡布科 ● 身高：1.73 米
● 位置：中后卫 ● 主要效力俱乐部：河床 / 佛罗伦萨 ● 国家队荣耀：2 届世界杯冠军 ● 俱乐部荣耀：6 届阿甲联赛冠军
● 个人荣耀：1 届阿根廷足球先生奖

蟒蛇 / 阿迪莱斯

Osvaldo Ardiles

英格兰人与阿根廷人势如水火，几十年来，两国从政治领域到足球层面，都视彼此为眼中钉。但阿迪莱斯却是极少数能够让英国人为之敬重的阿根廷球员，将极少数换成"唯一"恐怕也不过分。

年少时的阿迪莱斯，因为盘带动作鬼魅如蛇，因此被伙伴们称作"蟒蛇"。

1978年阿根廷获得了本土世界杯的主办权，阿足协为了实现主场夺冠的伟业，放手让功勋主帅梅诺蒂全权负责球员选拔和训练工作。阿迪莱斯凭借在胡拉坎竞技的出色表现，成功吸引了梅诺蒂的注意，顺理入选国家队，并成为那届国家队的中场核心。

他成功地将阿根廷队的前场和后场串联在一起，保证了梅诺蒂战术的整体性和连贯性。在参加的全部7场比赛中，阿迪莱斯贡献2次助攻，他和肯佩斯、卢克组成的攻击线，是那届大赛中最令人畏惧的进攻组合，阿根廷队因此在主场一路高歌猛进，最终在决赛中3比1击败荷兰队，历史性地捧起了大力神杯。

世界杯夺冠后，阿迪莱斯的声望如日中天，他收到多支欧洲豪门球队邀请，最终他选择加盟托特纳姆热刺队，一待就是10年。期间赢得无数英格兰球迷的心，尽管两国之间在1982年爆发"马岛海战"，但这并没有影响他在热刺队的仕途。

1998年，英国记者协会评选出了英格兰联赛百大球星，阿迪莱斯是仅有的五位非英国籍球员之一，其余四位分别是坎通纳、博格坎普、舒梅切尔和特劳特曼。而在英国《每日邮报》评选出的世界杯历史百大球星中，阿迪莱斯位列第80位。

1975年—1982年代表阿根廷国家队出场52场、进球8粒
参加世界杯：1978年、1982年 / 世界杯数据：出场11场、进球1粒
●奥斯瓦尔多·阿迪莱斯/Osvaldo Ardiles ●出生日期：1952年8月3日 ●出生地：科尔多瓦 ●身高：1.70米
●位置：中场 ●主要效力俱乐部：乌拉坎/托特纳姆热刺 ●国家队荣耀：1届世界杯冠军 ●俱乐部荣耀：2届足总杯冠军/1届慈善盾冠军/1届欧洲联盟杯冠军

金箭头 / 迪·斯蒂法诺

Alfredo Di Stéfano

在"球王"贝利和马拉多纳之前,迪·斯蒂法诺是世界足坛球艺最精的人。他独领世界足坛风骚20多年。

在很多老球迷看来,迪·斯蒂法诺才是真正的"潘帕斯王子"。斯蒂法诺技术全面,能胜任场上任何一个位置。作为一名出色的中锋,他体力充沛,控球技术炉火纯青,善于窥测时机,能在关键的时候为同伴创造射门机会,也能在机会到来时抓住机遇直接射门得分。斯蒂法诺的远射能力尤其突出,常令对方门将难以防范。

斯蒂法诺从未参加过世界杯,这让他的足球生涯显得有些遗憾,他仅代表阿根廷国家队出战6场,打进6球。

他在俱乐部的履历非常辉煌,他在皇马队效力11年,期间与普斯卡什联袂为皇马队连续夺得5次联赛冠军,5次欧洲冠军杯冠军和1次洲际杯冠军。

1947年斯蒂法诺入选国家队,这是他的梦想。当时阿根廷国家队人才济济,在每个位置上都有几位优秀选手,能入选国家队必须技高一筹。这要感谢国家队教练斯塔比莱,他慧眼识英才,对斯蒂法诺的球技和人品大加赞赏。1957年斯蒂法诺成为西班牙国家队一员,成为足球史上少数几个为两个国家效过力的球员之一。1957、1959年两度被评为欧洲足球先生,有"白色皇帝"的美誉。只是因为有双重国籍,所以没有参加世界杯的资格。

1947年代表阿根廷国家队出场6场、进球6粒
参加世界杯:无 / 世界杯数据:无
●阿尔弗雷多·迪·斯蒂法诺/Alfredo Di Stéfano ●出生日期:1926年7月4日 ●逝世日期:2014年7月7日 ●出生地:布宜诺斯艾利斯 ●身高:1.78米 ●位置:前锋 ●主要效力俱乐部:河床 / 皇家马德里 / 百万富翁
●国家队荣耀:1届美洲杯冠军 ●俱乐部荣耀:2届阿甲联赛冠军 /3届哥甲联赛冠军 /1届哥伦比亚杯冠军 /8届西甲联赛冠军 /1届国王杯冠军 /5届欧洲冠军杯冠军 /1届洲际杯冠军 ●个人荣耀:2届金球奖 /1届阿甲最佳射手奖 /2届哥甲最佳射手奖 /5届西甲最佳射手奖 /1届欧洲冠军杯最佳射手奖

斗士 / 肯佩斯

Mario Kempes

　　1954 年 7 月 15 日，肯佩斯出生于阿根廷北部的贝尔维利，父亲在年轻的时候是一名业余的足球运动员。受到父亲的熏陶，小肯佩斯在 9 岁的时候便同足球结下了不解之缘。7 年之后，他带领当地的球队赢得了地区性足球锦标赛的冠军，自己也成了那项赛事的最佳射手。

　　肯佩斯身体强壮，技术出众，擅长一对一对抗，绝对是球场上统治型的球员。1973 年至 1982 年为国家队效力期间，他一共代表阿根廷队参赛 43 场，进球 20 个，随队参加过 1974 至 1982 年三届世界杯赛。其中在 1978 年于阿根廷本土举办的世界杯赛上，肯佩斯光芒四射，不仅帮助球队首夺世界杯，自己也独进 6 球，包揽最佳射手和最佳球员两项大奖，并入选世界杯最佳阵容，同年他还被评为南美洲足球先生。

　　1982 年世界杯，阿根廷队在世界杯中表现得差强人意，在遭到约翰·克鲁伊夫率领的荷兰队痛击之后，阿根廷队在杯赛第一轮结束后便打道回府。肯佩斯的表现也相当平庸，他在这届赛事中的进球为 0。在阿根廷足球漫漫的历史中，除了迭戈·马拉多纳之外，再也没有人能够像肯佩斯那样光芒四射了。在阿根廷队首次捧起世界杯的征程中，肯佩斯是最光彩照人的英雄，他的进球是打开胜利之门的钥匙。在"球王"马拉多纳的自传中，甚至将肯佩斯称为"将阿根廷足球写入世界版图的人"。

1973 年—1982 年代表阿根廷国家队出场 43 场、进球 20 粒
参加世界杯：1974 年、1978 年、1982 年 / 世界杯数据：出场 18 场、进球 6 粒
●马里奥·肯佩斯/Mario Kempes ●出生日期：1954 年 7 月 15 日 ●出生地：贝尔维利 ●身高：1.84 米 ●位置：前锋 ●主要效力俱乐部：罗萨里奥中央 / 巴伦西亚 ●国家队荣耀：1 届世界杯冠军 ●俱乐部荣耀：1 届阿甲联赛冠军 /1 届国王杯冠军 /1 届欧洲优胜者杯冠军 /1 届欧洲超级杯冠军 ●个人荣耀：1 届世界杯金球奖 /1 届世界杯金靴奖 /1 届欧洲金球奖 /1 届南美足球先生 /1 届阿根廷年度最佳球员 /2 届阿甲最佳射手奖 /2 届西甲最佳射手奖

章鱼 / 卢克

Leopoldo Luque

尽管只代表国家队参加一届世界杯赛,但卢克在阿根廷队史的地位远非那些几朝元老可比。他是1978年"潘帕斯雄鹰"本土夺冠的绝对功臣,亦是"蓝白军团"历史上十大射手之一。

卢克的足球生涯,起步于当地的圣菲联盟俱乐部,从1975年至1980年,卢克在河床队度过了自己人生中最辉煌的五年时光,在代表球队出战的176场比赛里,卢克共打进75球。1976年2月22日,河床队以5比1击败圣洛伦索队,卢克上演"独中五元"的好戏。他是那个年代,阿根廷队无可争议的最佳前锋,国家队主教练梅诺蒂毫不犹豫地将他招入队中。

在1978年世界杯的冠军阵容中,卢克是梅诺蒂三前锋阵型中的主力右边锋,他与肯佩斯和阿尔迪列斯组成的攻击线,是该届大赛中最具效率的进攻组合。在参加的5场比赛中,卢克攻入4球,位列射手榜第4位,仅次于打进6球的队友肯佩斯以及打进5球的荷兰球员兰辛布宁和秘鲁球员乔贝拉斯。

正是凭借卢克、肯佩斯、帕萨雷拉和阿尔迪列斯等人的出色发挥,阿根廷历史性地在家门口捧起了大力神杯。不过,稍显遗憾的是,1978年世界杯是卢克代表阿根廷国家队参加的唯一一届世界杯,此后,他没有再身披蓝白间条衫参加过世界杯的比赛。卢克在阿根廷国家队的征战履历中留下了45场正式比赛22个进球的纪录,在阿根廷国家队历史射手榜中排名第九。

1975年—1981年代表阿根廷国家队出场45场、进球22粒
参加世界杯:1978年 / 世界杯数据:出场5场、进球4粒
● 莱奥波尔多 · 卢克/Leopoldo Luque ● 出生日期:1949年5月3日 ● 出生地:圣达菲 ● 身高:1.78米 ● 位置:前锋
● 主要效力俱乐部:河床 ● 国家队荣耀:1届世界杯冠军 ● 俱乐部荣耀:5届阿甲联赛冠军 ● 个人荣耀:1届美洲杯最佳射手奖

阿根廷历史四十大巨星　　　　　　　　ARGENTINA NATIONAL FOOTBALL TEAM

哲学家 / 巴尔达诺

Jorge Valdano

巴尔达诺是和马拉多纳同时代的球星，同样被老马的光芒所掩盖，但巴尔达诺是一位真正的"影子杀手"，这名高大的前锋是围绕马拉多纳运转的一颗棋子，他随时等待着"球王"制造出机会，并给予对手致命一击。

巴尔达诺参加过两届世界杯，1982年，他只出场2次。1986年，巴尔达诺在31岁时迎来事业的巅峰，在马拉多纳身边，他7场比赛打进4球，其中2球来自马拉多纳的助攻。另外在同意大利的比赛中，马拉多纳的进球来自巴尔达诺，两个人的合作相当默契。

唯一的一次"不默契"是同英格兰队的比赛中，马拉多纳连过数人破门，巴尔达诺一直在左路，等待他将球传出来。在马拉多纳的自传中，曾回忆过相关的细节："关于这个球的另一个细节是，即使是在带球狂奔突破时，我的余光仍能看到巴尔达诺在我的左侧跑动，而且在远点无人防守。赛后在更衣室，我告诉巴尔达诺当时我看到他了，他当时简直想杀了我。'我不敢相信，你当时看到了我，还自己攻入了那样一个进球！太过分了，伙计，这不可能。'"实际上在马拉多纳打进"上帝之手"后，巴尔达诺跑向他，将一根手指竖在嘴前，显然他看出了马拉多纳是用手进球的。

1986年6月29日，巴尔达诺打进了个人生涯中最重要的进球。世界杯决赛面对联邦德国队，第55分钟，他接到队友传球，从左路插上推射破门，打进本队的第二球。能在世界杯决赛中破门是每个前锋的梦想，巴尔达诺在退役前拿到了最重要的荣誉。

1975年—1990年代表阿根廷国家队出场23场、进球7粒
参加世界杯：1982年、1986年 / 世界杯数据：出场9场、进球4粒
●豪尔赫·巴尔达诺/Jorge Valdano ●出生日期：1955年10月4日 ●出生地：拉斯帕雷加斯 ●身高：1.88米
●位置：前锋 ●主要效力俱乐部：阿拉维斯/萨拉戈萨/皇家马德里 ●国家队荣耀：1届世界杯冠军 ●俱乐部荣耀：1届阿甲联赛冠军/2届西甲冠军/1届西班牙联赛杯冠军/2届欧洲联盟杯冠军 ●个人荣耀：1届西甲最佳外援奖

塔塔 / 布朗

Jose Brown

阿根廷国家队史的巨星榜单中，多为中前场球员，毕竟这个国度盛产以脚法华丽、球风飘逸的天才进攻型选手，但之于防守悍将，则略显稀贵。何塞·布朗是足以载入阿足球史册的后卫球员，他是"球王"马拉多纳在1986年率队登顶的护法之一，亦是队史最著名的后防铁闸之一。

布朗的职业生涯起步于拉普拉塔大学生队，从1975年到1983年，他代表大学生队一共出场291场比赛，打进25球。1983/1984赛季，布朗还曾短暂效力于哥伦比亚联赛的麦德林国民竞技俱乐部，在87场出战比赛里贡献了14球，展现出了后卫球员不俗的攻击力。从1985年开始，布朗先后在博卡青年队、法甲布雷斯特队、西甲皇家穆尔西亚队辗转。

当然，布朗真正为人熟知，是1986年世界杯上的出色发挥，那是决赛对阵联邦德国队。比赛第23分钟，正是布朗为球队先拔头筹，敲开胜利之门。

从1983年到1989年，布朗代表阿根廷国家队出战了36场正式比赛，1986年墨西哥世界杯决赛的进球，是他国家队生涯的唯一进球。事实上，布朗能够参加世界杯完全要归功于主帅比拉尔多的知人善用，他的入围几乎是主帅在最后一分钟才敲定的。由于帕萨雷拉受伤，布朗临危受命，进入球队的首发阵容，并踢满了全部7场比赛，出色地完成了主教练布置的任务。

1983年—1989年代表阿根廷国家队出场36场、进球1粒
参加世界杯：1986年 / 世界杯数据：出场7场、进球1粒
● 何塞·布朗 /Jose Brown ● 出生日期：1955年10月4日 ● 出生地：拉斯帕雷加斯 ● 身高：1.85米 ● 位置：中后卫
● 主要效力俱乐部：拉普拉塔大学生 ● 国家队荣耀：1届世界杯冠军 ● 俱乐部荣耀：2届阿甲联赛冠军

阿根廷历史四十大巨星　　　　　　　　ARGENTINA NATIONAL FOOTBALL TEAM

钢铁侠 / 蓬皮多

Nery Pumpido

蓬皮多早在8岁就加入母队圣达菲独立队，仅仅20岁就成为球队的主力门将，随后辗转萨斯菲尔德队、河床队两大阿根廷劲旅，并短暂加盟西班牙的皇家贝蒂斯队一个赛季。职业生涯末期回到家乡，在圣达菲独立队结束自己的职业生涯。蓬皮多的职业生涯大部分都是在阿根廷的国内联赛效力，虽然称不上世界级门将，但坚毅和沉稳就是这位低调的阿根廷国门最大的特点。他作为主力门将帮助阿根廷两次夺得世界杯冠军，是一个真正的世界冠军级别的稳定门将。

蓬皮多是阿根廷队1986年夺得世界杯冠军的"钢铁国门"。作为国家队队长马拉多纳身后的坚固屏障，蓬皮多身高不高，但是下盘和扑救能力十分稳定，站位和弹跳能力十分出众，但反应能力一般的他事实上很需要和整条防线精密无间地配合，他的才华才能展现出来。因此，蓬皮多在后防线上有所欠缺的指挥坐镇能力，让这个两届世界杯冠军的国门距离最后的世界级门将殿堂仅仅就差了半步之遥，不得不说这是一件非常遗憾的事情。

如果没有遭受到那次举世闻名的受伤，或许蓬皮多的职业生涯还会有更大的一个飞跃。在1990年世界杯小组赛对阵俄罗斯的比赛中，蓬皮多出击时和队友奥拉尔蒂奇亚撞在了一起，导致了蓬皮多脚踝骨折当场倒地不起，成全了戈耶切亚这位阿根廷新一代门神的成功上位，蓬皮多之后也时常与国家队的征召无缘。

1982年—1990年代表阿根廷国家队出场38场、进球0粒
参加世界杯：1982年、1986年、1990年 / 世界杯数据：出场9场、进球0粒
●内里·蓬皮多/Nery Pumpido ●出生日期：1957年7月30日 ●出生地：拉斯帕雷加斯 ●身高：1.91米 ●位置：门将
●主要效力俱乐部：圣菲联合竞技 / 河床 / 皇家贝蒂斯 ●国家队荣耀：1届世界杯冠军 / 1届世界杯亚军 ●俱乐部荣耀：4届阿甲联赛冠军

11-20
Argentina National Team
Super Star

全能中场 / 布鲁查加

Jorge Burruchaga

　　1986 年的世界杯是属于马拉多纳的，但如果没有布鲁查加，恐怕最后的冠军未必属于阿根廷。那届世界杯上，马拉多纳和布鲁查加正处于职业生涯巅峰时期，他俩配合的最经典一幕正是决赛中与联邦德国队的一役，马拉多纳那看似漫不经心、实则暗藏杀机的绝妙一传，布鲁查加突然从后排插上，摆脱布里格尔的防守，单刀面对舒马赫将球推入远角，帮助阿根廷队成功夺冠。

　　实际上在 1982 年，就有人断言布鲁查加和马拉多纳的组合将是比拉尔多的法宝，在 1986 和 1990 年的世界杯上，比拉尔多对这套组合非常信任，"大鼻子"教练得到的回报是世界杯的冠军和亚军。

　　1990 年意大利世界杯，阿根廷队整体实力的下降让布鲁查加难以获得更多表现的机会，但他依然在同前苏联队的比赛中攻入锁定胜局的一球，同时在两场点球大战中，第二个出场的布鲁查加从容破门得分，确保阿根廷队艰难晋级决赛。同联邦德国队的决赛中，布鲁查加表现平平并在下半时被替换下场，阿根廷也终未能将奇迹演出到最后一刻。

　　世界杯之后，布鲁查加的职业生涯开始走下坡路，1993 年马赛队"假球案"，效力瓦朗谢安队的布鲁查加也被卷入其中。回到阿根廷的布鲁查加于 1998 年退役。目前布鲁查加执教阿根廷国内的拉普拉塔大学生队。

1983 年—1990 年代表阿根廷国家队出场 57 场、进球 13 粒
参加世界杯：1986 年、1990 年 / 世界杯数据：出场 14 场、进球 3 粒
●豪尔赫·布鲁查加 /Jorge Burruchaga ●出生日期：1962 年 10 月 9 日 ●出生地：瓜莱瓜伊 ●身高：1.77 米
●位置：中场 / 前锋 ●主要效力俱乐部：独立 / 南特 ●国家队荣耀：1 届世界杯冠军 ●俱乐部荣耀：1 届大都会锦标赛冠军 /1 届南美解放者杯冠军 /1 届南美超级杯冠军 /1 届南美优胜者杯冠军 /1 届洲际杯冠军 ●个人荣耀：1 届美洲杯最佳射手奖 /1 届法甲最佳外援奖

球王 / 马拉多纳

Diego Maradona

1977年2月27日，16岁零120天的马拉多纳首次代表国家队出战，创造阿根廷队最年轻国脚的纪录。1979年6月2日，阿根廷在格拉斯哥以3比1击败苏格兰队，马拉多纳攻入国家队的首球。同年9月，马拉多纳率领阿根廷队在世青赛决赛中以3比1击败前苏联队，获得冠军，并获得该赛事的最佳球员。

1982年6月18日，阿根廷队在西班牙世界杯小组赛第二场中以4比1大胜匈牙利队，马拉多纳"梅开二度"。7月2日，在阿根廷队同巴西队的比赛中，马拉多纳因为不满对手的一次次侵犯而失去了理智，最终因为抬腿踢人而被红牌罚下。在本届世界杯上，马拉多纳共收获两粒进球，不过因为这次红牌，马拉多纳付出了两年多没有入选国家队的代价。1985年5月9日，在比拉尔多的召唤下，马拉多纳重新披上阿根廷队球衣。

1986年6月，马拉多纳率领阿根廷队参加墨西哥世界杯，小组赛中，马拉多纳在与韩国队的比赛中上演助攻"帽子戏法"，帮助阿根廷队以3比1取胜。随后在与意大利队的比赛中打入1球，1比1战平对手。最后在同保加利亚队的比赛中，马拉多纳助攻队友，帮助阿根廷队取胜。在阿根廷队与英格兰队的1/4决赛中，马拉多纳攻入两球，阿根廷以2比1淘汰英格兰队。他在下半场比赛中，先是用"上帝之手"打进一球。第二球是连过五人的精彩进球，被评选为足球历史上的最佳进球。半决赛中，马拉多纳在对比利时队的赛事中打入两球,帮助球队进入决赛。6月29日,在同联邦德国队的决赛中,马拉多纳先是制造一个任意球,帮助阿根廷队以1比0取得领先,之后又间接助攻队友使比分扩大为2比0,在比赛还剩6分钟结束时,马拉多纳以一个直塞传球助攻队友进球。最终,阿根廷队以3比2战胜联邦德国队获得世界杯冠军。而收获5个进球以及5次助攻的马拉多纳,顺利拿到世界杯金球奖。

  1990年,马拉多纳第三次参加世界杯。阿根廷队小组赛首战爆冷,以0比1负于喀麦隆队。第二场比赛,阿根廷队以2比0完胜前苏联队,马拉多纳虽然没有进球,但两个球都是他的策划。第三场比赛马拉多纳角球助攻队友,帮助阿根廷队以1比1战平罗马尼亚队。这届世界杯上,阿根廷队的5个进球,都与马拉多纳有关。阿根廷小组赛1胜1平负,以小组第3的成绩惊险晋级。在与巴西队的1/8决赛中,马拉多纳中场开始启动,晃过3人防守,面对4人夹防送出直塞,助攻队友卡尼吉亚上演绝杀,阿根廷队以1比0的比分淘汰巴西队。在与南斯拉夫队的1/4决赛中,阿根廷队在点球大战中惊险晋级。半决赛遇到意大利队,常规比分1比1,点球大战中,马拉多纳罚进第4粒点球,帮助阿根廷队4比3淘汰东道主意大利队。1990年7月8日,在世界杯决赛中,

马拉多纳率领的阿根廷队以0比1负于联邦德国队,无缘冠军。

1993年2月17日,马拉多纳参加了庆祝阿根廷足协成立100周年而与巴西队进行的比赛,马拉多纳被阿根廷足协授予了阿根廷历史上最佳球员称号。同年2月24日,马拉多纳在阿特米奥·弗兰基杯决赛中,罚入关键点球,帮助阿根廷队夺冠。

1994年,34岁的马拉多纳依旧率领阿根廷参加了美国世界杯。小组赛首战,对阵希腊队的比赛中,马拉多纳打入一球,他跑向摄像镜头前的怒吼成为经典画面,但他却不知,这也是他最后一粒国家队进球。小组赛第二场,阿根廷队以2比1战胜尼日利亚队。马拉多纳用一记快发任意球助攻卡尼吉亚破门。阿根廷两战两胜队,冠军相显露。但就在此时,马拉多纳由于药检呈阳性而被禁赛,遗憾地告别世界杯。失去核心的阿根廷队军心大挫,在随后两场比赛皆负。8月23日,马拉多纳被国标足联处以1.55万美元的罚款和15个月停赛惩罚,一代"球王"就此退位。

1977年—1994年代表阿根廷国家队出场91场、进球34粒
参加世界杯:1982年、1986年、1990年、1994年 / 世界杯数据:出场21场、进球8粒
● 迭戈·马拉多纳 /Diego Maradona ● 出生日期:1960年10月30日 ● 出生地:布宜诺斯艾利斯 ● 身高:1.65米
● 位置:前腰 ● 主要效力俱乐部:阿根廷青年/那不勒斯/博卡青年 ● 国家队荣耀:1届世界杯冠军/1届世界杯亚军/1届U-20世青赛冠军 ● 俱乐部荣耀:1届大都会锦标赛冠军/2届意甲联赛冠军/1届意大利杯冠军/1届意大利超级杯冠军/1届欧洲联盟杯冠军/1届国王杯冠军/1届西班牙超级杯冠军/1届西班牙联赛杯冠军 ● 个人荣耀:1届世界杯金球奖/1届世界杯银靴奖/2届欧洲金球奖/4届阿根廷足球先生/2届南美足球先生/1届意甲最佳射手奖

大头锤 / 鲁杰里

Oscar Ruggeri

出道于豪门博卡青年队的鲁杰里是一个真正的防守大师。在 1986 年马拉多纳带领阿根廷队捧回世界杯的完美演出中，如果没有鲁杰里所统率的钢铁防线，那么阿根廷的夺冠也许会成为一种奢望。在比拉尔多的执教理念中，鲁杰里的防守能力和卡位意识展现到了极致。

1990 年的阿根廷队由于主力球员的年龄增大，整体的表现急速下滑，比拉尔多的球队为了胜利不择手段的做法，也被诸多媒体诟病为丑陋、功利、反足球的球队。但就是在这样相对保守的球队中，鲁杰里的作用才更加明显。由于整体实力的下滑，阿根廷队只能以相对保守的方式试图通过反击拖入加时和点球决战，将希望寄予发挥出色的门将身上，因此鲁杰里所统领的后防线就成为阿根廷取得胜利的核心。面对强大的巴西队和前南斯拉夫队，保守的阿根廷队都经历了极为胶着的苦战，所幸鲁杰里统帅的后防线保护住戈耶切亚把守的大门，最终老化的阿根廷队惜败正值巅峰的联邦德国队，获得亚军。

1991 年美洲杯，经过大换血的阿根廷队以犀利快速的进攻最终夺得冠军。在评选南美足球先生时，沉稳而充满领袖气质的鲁杰里迎来自己的人生巅峰。1994 年美国世界杯，鲁杰里打满全部 4 场比赛，并在马拉多纳被禁赛之后担任临时队长，但失去了灵魂的阿根廷队最终败给罗马尼亚队，鲁杰里随后也选择退出国家队。

鲁杰里虽然个子不高，但是他出色的预判和卡位使得他在中后卫的进化历史中足以占有一个极具分量的位置。

1983 年—1994 年代表阿根廷国家队出场 97 场、进球 7 粒
参加世界杯：1986 年、1990 年、1994 年 / 世界杯数据：出场 16 场、进球 1 粒
●奥斯卡·鲁杰里/Oscar Ruggeri ●出生日期：1962 年 1 月 26 日 ●出生地：科尔多瓦 ●身高：1.85 米 ●位置：中后卫 ●主要效力俱乐部：博卡青年 / 河床 / 圣洛伦索 / 皇家马德里 ●国家队荣耀：1 届世界杯冠军/1 届世界杯亚军/2 届美洲杯冠军/1 届联合会杯冠军 ●俱乐部荣耀：2 届阿甲联赛冠军/1 届南美解放者杯冠军/1 届西甲联赛冠军/1 届洲际杯冠军/1 届泛美杯冠军 ●个人荣耀：1 届阿根廷足球先生/1 届南美足球先生

蓝白之帜 阿根廷传　　　　　　　　　　　　　阿 根 廷 列 传

风之子 / 卡尼吉亚　　　　　　　　　　　Claudio Caniggia

　　1990年世界杯揭幕战，一个金发飘舞的阿根廷球员突破、再突破，在一路踉跄中，最后倒在了喀麦隆球员的接连"砍伐"之下。他就是卡尼吉亚，这是"风之子"在世界杯上给人留下的最初印象。

　　1990年意大利世界杯结束以后，卡尼吉亚稳定的发挥让他在世界杯结束以后的一个赛季里依然取得了优异的成绩，23场比赛8球入账，这对于一个并非纯粹射手的边锋来说已经难能可贵了，更重要的是他可以在各个位置不断地为队友创造出机会。1991年美洲杯告捷以

后，卡尼吉亚得到罗马队的邀请，开始欧洲之旅。

但是，在罗马的快乐是短暂的，卡尼吉亚很奇怪地被教练安排在中锋位置，距离对方球门 20 米，而且不允许回撤中场拿球突破，这让以长途奔袭为杀招的卡尼吉亚在场上非常难受，一个赛季的 20 场比赛中他仅仅有 4 球入账。

慢慢的，卡尼吉亚失去了先发位置，他开始放纵自己，沉迷于花花世界，这样的低迷也让他的国家队历程越发艰辛。1994 年世界杯对于卡尼吉亚来说彻底失意了，他首战发挥出色独中两元，但仅仅第三场比赛就因伤提前告别世界杯。1998 年，卡尼吉亚没有入选阿根廷的世界杯阵容。2002 年的世界杯注定是一届诡异的比赛，法国队、葡萄牙队、西班牙队的鲜血把东方半岛染成一片触目惊心的红色。在这其中，也包括一张出示给坐在替补席上卡尼吉亚的红牌，"风之子"的国家队和世界杯生涯却以这样一种方式终结。

1987 年—2002 年代表阿根廷国家队出场 50 场、进球 16 粒
参加世界杯：1990 年、1994 年、2002 年 / 世界杯数据：出场 10 场、进球 4 粒
● 克劳迪奥·卡尼吉亚 /Claudio Caniggia ● 出生日期：1967 年 1 月 9 日 ● 出生地：布宜诺斯艾利斯 ● 身高：1.75 米
● 位置：前锋 ● 主要效力俱乐部：河床 / 亚特兰大 / 博卡青年 / 格拉斯哥流浪者 ● 国家队荣耀：1 届世界杯亚军 /1 届美洲杯冠军 /1 届联合会杯冠军 ● 俱乐部荣耀：1 届阿甲联赛冠军 /1 届南美解放者杯冠军 /1 届洲际杯冠军 /1 届泛美杯冠军 /1 届苏超联赛冠军 /2 届苏格兰联赛杯冠军 /2 届苏格兰杯冠军

超级门神 / 戈耶切亚
Sergio Goycochea

戈耶切亚可谓是世界杯历史上最为神奇的点球门神了，而他也是阿根廷历史上最伟大的门将之一。戈耶切亚出生在首都布宜诺斯艾利斯，20岁被提拔到河床的一线队，随后漂泊到了法国、巴拉圭、哥伦比亚、巴西等地的十余支俱乐部，几乎每个赛季都会看到这位门神的转会新闻。

在1990年世界杯上，戈耶切亚身披代表替补门将的12号球衣，但这也是戈耶切亚从此接替蓬皮多，成为新任阿根廷正选国门的一届世界杯。

世界杯功勋门将蓬皮多在这届世界杯上经历难以忘怀的噩梦。首场比赛，他因为漏球使得球队爆冷输给喀麦隆队。第二场对阵前苏联队，又遭遇腿部骨折，戈耶切亚在毫无准备的情况下匆匆出场。而随着比赛的进展，戈耶切亚的状态愈发疯狂，疯狂地高接低挡了罗马尼亚队和巴西队的进攻，从此成为不可动摇的国门。

戈耶切亚稳定的表现证明了自己并不仅仅只是一个替补而已。他的巅峰演出是在对阵前南斯拉夫和意大利的两场比赛中竟然接连扑出了4个点球，点球门神的故事开始为人津津乐道。而戈耶切亚的绝大部分点球都扑对了方向，超强的预判和扑救速度使得这位专业扑救点球的超级门神成了阿根廷队的新一代后防城墙。

世界杯决赛中，戈耶切亚面对联邦德国队左后卫布雷默主罚的点球，虽然判断对了布雷默的射门方向，但依旧没能挡住这一次改变历史的石破天惊。阿根廷队输掉世界杯决赛，但阿根廷门神是最令人惊奇的人物之一，戈耶切亚的传奇永远留在了意大利之夏的回忆中。

1987年—1994年代表阿根廷国家队出场44场、进球0粒
参加世界杯：1990年、1994年 / 世界杯数据：出场6场、进球0粒
●塞尔吉奥·戈耶切亚/Sergio Goycochea ●出生日期：1963年10月17日 ●出生地：布宜诺斯艾利斯 ●身高：1.85米
●位置：门将 ●主要效力俱乐部：河床 ●国家队荣耀：1届世界亚军/2届美洲杯冠军/1届联合会杯冠军 ●俱乐部荣耀：2届阿甲联赛冠军/1届南美解放者杯冠军/1届洲际杯冠军/1届泛美杯冠军 ●个人荣耀：1届阿根廷足球先生

战神 / 巴蒂斯图塔

Gabriel Batistuta

巴蒂斯图塔无论从射门技术、射门脚法、射门角度还是射门力量来说，绝对是世界顶级水准的，他是真正的 9 号代名词。

1991 年，22 岁的巴蒂斯图塔披上国家队战袍出战美洲杯。他以 6 粒入球帮助阿根廷队捧得金杯，并赢得最佳射手的称号。

1994 年，巴蒂斯图塔第一次以主力身份参加美国世界杯赛，首场对阵希腊队连中三元，风光无限，全队夺冠形势大好。不料中途爆出老队长马拉多纳因在尿检中查出呈阳性被国际足联禁赛的传闻，阿根廷全队士气大跌，最终被那届杯赛的"黑马"罗马尼亚队挤出 8 强。

1998 年，法国世界杯，尽管巴蒂斯图塔发挥出色，成了迄今为止唯一一位连续两届世界杯赛上演"帽子戏法"的球员，然而阿根廷队在 8 强赛中负于荷兰队，无缘 4 强。

2002 年，是巴蒂斯图塔最后一次参加世界杯，谁都知道，这是参加了两届世界杯的巴蒂斯图塔想要在这一届实现举起大力神杯的机会，但是幸运女神跟他开了个大玩笑，2002 年 6 月 12 日，是一个让所有"巴蒂迷"和阿根廷球迷都不愿再提的日子，在事关生死的"末轮大战"中，阿根廷队遗憾地被顽强的瑞典队逼平，耻辱地止步小组赛。无法接受现实的巴蒂斯图塔当即泪洒赛场。壮志未酬的巴蒂斯图塔就这样带着深深的不甘和强烈的遗憾离开了世界杯，离开了国家队，离开了人们的视线。

1991 年—2002 年代表阿根廷国家队出场 77 场、进球 56 粒
参加世界杯：1994 年、1998 年、2002 年 / 世界杯数据：出场 12 场、进球 10 粒
●加布里埃尔·巴蒂斯图塔/Gabriel Batistuta ●出生日期：1969 年 2 月 1 日 ●出生地：阿韦亚内达 ●身高：1.85 米 ●位置：前锋 ●主要效力俱乐部：佛罗伦萨 / 罗马 ●国家队荣耀：2 届美洲杯冠军/1 届联合会杯冠军 ●俱乐部荣耀：2 届阿甲联赛冠军/1 届意甲联赛冠军/1 届意大利杯冠军/2 届意大利超级杯冠军 ●个人荣耀：1 届世界杯银靴奖/1 届阿根廷足球先生/1 届意甲最佳外籍球员/2 届美洲杯最佳射手/1 届意甲最佳射手/1 届联合会杯最佳射手

阿根廷历史四十大巨星　　ARGENTINA NATIONAL FOOTBALL TEAM

小毛驴 / 奥尔特加

Ariel Ortega

　　除了在的法国世界杯临近终场因为头顶荷兰国门范德萨被主裁判出示红牌罚下，导致阿根廷队无缘4强，奥尔特加身为球队核心，他的表现远并不止这些。奥尔特加曾是阿根廷历史上技术最出色的中场球星之一，在河床队出道时曾有"新马拉多纳"的称号，虽然身高仅有1.7米，但他作风顽强、寸土必争的性格被人们冠上了代表坚毅和疯狂的"小毛驴"绰号。

　　奥尔特加的脚下技术十分娴熟，兼具了盘带过人的能力和传球射门的艺术性，同时也有着不慢的速度和强大的精神意志，是阿根廷历史上少有的"9号半位置"的巨星，常常被教练们作为前腰或者两个边锋来使用。1994年美国世界杯，20岁的奥尔特加首次亮相世界杯赛场。1998年的法国世界杯上，他作为中场核心带领着阿根廷杀入8强。

　　2002年世界杯是奥尔特加在世界杯历史上的绝唱，奥尔特加领衔的这支逐渐老化的"蓝白军团"最终败给死敌英格兰队，小组赛便打道回府。

　　没人能够否定"小毛驴"在阿根廷历史上的传奇，他极好地填补了马拉多纳留下的中场核心位置，甚至在精神意志方面，奥尔特加能够带给阿根廷队更多的激励。

1993年—2010年代表阿根廷国家队出场87场、进球16粒
参加世界杯：1994年、1998年、2002年 / 世界杯数据：出场11场、进球2粒
●阿里尔·奥尔特加/Ariel Ortega ●出生日期：1974年3月4日 ●出生地：圣马田 ●身高：1.70米 ●位置：前腰
●主要效力俱乐部：河床 ●国家队荣耀：1届联合会杯亚军/1届奥运男足银牌 ●俱乐部荣耀：7届阿甲联赛冠军/1届南美解放者杯冠军

耗子 / 阿亚拉

Roberto Ayala

有着"耗子"绰号的阿亚拉是阿根廷历史上最出色的中后卫之一。刚毅和稳健是作为中后卫的阿亚拉最有力的精神武器。身高不到1.8米的中后卫能够被人们评为世界级,足以说明阿亚拉的防守意识和弹跳能力有多么出色。阿亚拉在12年中代表阿根廷国家队的出场次数达到115次,名列前茅的国家队出场次数也让阿亚拉成为后辈们永远的敬仰目标。

在阿亚拉刚刚崭露头角时,就被传奇巨星帕萨雷拉挖掘。1998年的世界杯,阿亚拉终于站在了自己梦寐以求的世界杯舞台上,并且在日后的比赛里成为阿根廷队的新任队长。

但是,阿亚拉却未能阻止阿根廷队在1/4决赛中被荷兰队击败,由于奥尔特加的不冷静被红牌罚下,导致阿根廷队阵脚大乱,后防线被荷兰疯狂地冲击,最终博格坎普的进球将阿根廷队挡在8强之外。而这次失败的经历让阿亚拉开始主动地统领球队,阿根廷的新队长诞生了。在2002年的韩日世界杯上,小组赛首场比赛,阿根廷队对阵尼日利亚队的比赛刚刚开场不到6分钟,阿亚拉就因为肌肉受伤被迫离场,他只能坐在观众席上眼睁睁地看着阿根廷队打完剩余的小组赛打道回府。

即使命运多磨,阿亚拉也无愧于队长袖标,他以并不高大的身躯带领了强大的阿根廷披荆斩棘,阿亚拉的伟大精神会一直守望着这支蓝白色的球队。

1994年—2007年代表阿根廷国家队出场115场、进球7粒
参加世界杯:1998年、2002年、2006年 / 世界杯数据:出场10场、进球1粒
● 罗伯托·阿亚拉/Roberto Ayala ● 出生日期:1973年4月14日 ● 出生地:巴拉那 ● 身高:1.77米 ● 位置:中后卫
● 主要效力俱乐部:那不勒斯 / 瓦伦西亚 / 萨拉戈萨 ● 国家队荣耀:1届奥运男足金牌 ● 俱乐部荣耀:1届阿甲联赛冠军 / 1届意甲联赛冠军 /2届西甲联赛冠军 /1届欧洲联盟杯冠军 ● 个人荣耀:1届欧洲俱乐部年度最佳后卫奖

阿根廷历史四十大巨星　　　　　　ARGENTINA NATIONAL FOOTBALL TEAM

潘帕斯王子 / 雷东多　　　　　　　　　　　　　　　　Fernando Redondo

　　1969年7月6日，费尔南多·雷东多出生在阿根廷首都布宜诺斯艾利斯一个名叫阿德罗格的小镇。出生伊始，有亲友说："这个孩子将来一定能成为艺术家！"当时人们都笑了，要成为一个艺术家谈何容易，但很多年以后，不经意的话语竟然成真！他用优雅和技术，在绿荫场上最完美地诠释了足球的真谛，看他踢球，如同就是在欣赏一件精美绝伦的艺术品。

　　1990年世界杯时，时任国家队主教练比拉尔多对年轻的雷东多发出召唤，没想到却被拒绝。雷东多公开拒绝的理由是要专心完成大学学业。有人认为是雷东多个性骄傲，不肯担任替补。

　　1992年6月18日，在新任主教练巴西莱手下，雷东多在阿根廷队对阵澳大利亚队的友谊赛中登场，完成国家队处子秀。值得一提的是，此战雷东多不仅首发出场打满全场，而且在媒体的赛后评分中得到了全队最高的8分。4个月之后的联合会杯赛上，雷东多大放异彩，不仅帮助球队赢得冠军，而且个人获得赛事最佳球员的荣誉。1993年的美洲杯赛上，又帮助阿根廷卫冕成功。

　　1994年美国世界杯小组赛前两场，阿根廷队以2比1和4比0分别战胜尼日利亚队和希腊队，围绕马拉多纳运转的阿根廷队踢出了行云流水的攻势足球，雷东多更是助攻马拉多纳攻入精彩的一球。但随后，马拉多纳涉嫌服用禁药被禁赛。失去主心骨的阿根廷队方寸大乱，年轻的雷东多此时还比较稚嫩，队内谁也没法仓促接过马拉多纳的大旗，最终阿根廷队以2比3爆冷负于经验老到的罗马尼亚队，悲情出局。

世界杯之后，巴西莱下课，绰号"恺撒"的帕萨雷拉上台，铁腕治军，推行"剃发令"，禁止球员留长发。雷东多与国家队因而长期绝缘。但是帕萨雷拉因为1998年世界

杯兵败法兰西下课。时间转到贝尔萨时代，在回到阔别5年之久的国家队后，雷东多由于受到伤病的不断侵袭，遗憾地错过了4年之后的韩日世界杯。因为剃发事件，雷东多遗憾地错过了法国世界杯后，就再也没有在国家队找到自己曾经的辉煌。

一切来得如此突然，突然得让人有些无法相信，2004年11月27日，35岁的雷东多宣布自己决定退役的消息，这位曾被看作世界足坛最优秀的技术型后腰的一代球星就此作别，无数球迷为之惋惜。

也许多年以后，在泛黄的影像中，我们追忆属于雷东多的似水年华。恍然间，好像看见了蓝天白云下，有一个长发飘飘、灵动闪耀的身影在跳动。

1992年—1999年代表阿根廷国家队出场29场、进球1粒
参加世界杯：1994年 / 世界杯数据：出场4场、进球0粒
●费尔南多·雷东多/Fernando Redondo ●出生日期：1969年6月6日 ●出生地：布宜诺斯艾利斯 ●身高：1.86米
●位置：后腰 ●主要效力俱乐部：阿根廷青年 / 皇家马德里 / 米兰 ●国家队荣耀：1届美洲杯冠军 / 1届联合会杯冠军 / 1届南美U-17锦标赛冠军 ●俱乐部荣耀：2届西甲联赛冠军 / 1届意甲联赛冠军 / 1届意大利杯冠军 / 3届欧冠联赛冠军 / 1届洲际杯冠军 ●个人荣耀：1届联合会杯金球奖 / 1届欧洲俱乐部年度最佳球员奖

阿根廷历史四十大巨星　　　　　ARGENTINA NATIONAL FOOTBALL TEAM

金色战士 / 克雷斯波

Hernán Crespo

1997年4月30日，阿根廷队在世界杯南美区预选赛中2比1战胜厄瓜多尔队，克雷斯波攻入国家队首球。1998年2月2日，阿根廷队以3比1战胜前南斯拉夫队。那场比赛，克雷斯波的表现堪称神奇，上演了国家队中的唯一一次"帽子戏法"。

1998年，克雷斯波入选了阿根廷队的23人世界杯大名单，但他只是作为巴蒂斯图塔的替补仅仅在同英格兰队的比赛中登场一次，没有进球，而且在点球大战中罚失点球，这届法国世界杯对于克雷斯波来说不免有些失意。

2001年世界杯预选赛，克雷斯波终于得到信任，出任主力中锋，13场比赛中打入9球。2002年韩日世界杯赛上，克雷斯波在小组赛第三场对阵瑞典队的比赛中替补登场，并打进他在世界杯赛上的首球，可惜球队1胜1平1负的不佳战绩未能从小组出线。

2006年德国世界杯，31岁的克雷斯波是铁打不动的首发前锋，他凭借良好的状态3场比赛打进3球，最终荣膺世界杯银靴奖。2007年美洲杯，克雷斯波共打进3粒进球，使自己国家队总进球数达到35粒，超越马拉多纳。这场比赛也是克雷斯波最后一次代表国家队登场。

作为一名前锋，克雷斯波在球场上可以用任何方式射门，而且中目标的概率极高，精准的头球也是他的特点之一。

1995年—2007年代表阿根廷国家队出场64场、进球35粒
参加世界杯：1998年、2002年、2006年 / 世界杯数据：出场8场、进球4粒
●埃尔南·克雷斯波 /Hernán Crespo ●出生日期：1975年7月5日 ●出生地：佛ej里达 ●身高：1.81米 ●位置：前锋
●主要效力俱乐部：河床 / 帕尔马 / 国际米兰 / 切尔西 ●国家队荣耀：1届奥运男足银牌 ●俱乐部荣耀：2届阿甲联赛冠军 /1届南美解放者杯冠军 /3届意甲联赛冠军 /1届意大利杯冠军 /5届意大利超级杯冠军 /1届欧洲联盟杯冠军 /1届英超联赛冠军 /1届社区盾冠军 ●个人荣耀：1届世界杯银靴奖 /1届阿甲最佳射手 /1届意甲最佳射手

21-30
Argentina National Team
Super Star

匪徒 / 西蒙尼

Diego Simeone

阿根廷足球史上，诞生了多位铁血队长，他们无不以作风强悍、意志顽强著称，且多司职后腰，比如 1978 年冠军队长帕萨雷拉，再比如站在梅西身后任劳任怨的队魂马斯切拉诺。当然，放眼"蓝白军团"队史，头号铁血硬汉的美名，非迭戈·西蒙尼莫属。

从西蒙尼"匪徒"的绰号中，足以窥见这位钢铁后腰的彪悍球风，整个 20 世纪 90 年代里，他几乎是阿根廷足球意志的唯一象征。当巴蒂斯图塔、雷东多、奥特加、克雷斯波等人风驰电掣地在中前场演绎着阿根廷足球华丽细腻的进攻风暴时，以西蒙尼为核心的中后场，完美地完成了护航任务。朴实无华、硬朗凶悍、匪气十足，西蒙尼的足球哲学，有别于传统的阿根廷足球路数，但这不代表他是一个糙夫莽哥。从 1988 年首次披上阿根廷蓝白间条衫开始，到 2002 年退出国家队，西蒙尼兢兢业业地为国家队奉献了 14 载光阴，106 次出场，贡献 11 球。他曾经是国家队历史出场纪录的保持者（2007 年被阿亚拉打破）。

球员时代的西蒙尼，几乎就是冠军的代名词。1987 年，年仅 17 岁的迭戈，从萨斯菲尔德俱乐部出道，3 年的时间，在代表成年队出战的 76 场比赛中，打进 14 球。未满 20 岁，就已经受到了来自欧洲球队的注意。1990 年，西蒙尼加盟意甲球队比萨队，并在两年后登陆西甲塞维利亚队。

西蒙尼球员时代的巅峰，是在 1994 年加盟马德里竞技队之后，在效力"床单军团"的 3 个赛季里，他凭借出色的表现，率队勇夺联赛冠军、西班牙国王杯冠军和西班牙超级杯冠军。1995/1996 赛季，他更是在单赛季打进 12 球，作为一名后腰球员有如此表现，简直不可思议。1997 年，他重回意甲联赛加盟国际米兰队，帮助球队赢得 1998 年联盟冠军。1999 年转会拉齐奥队，又先后帮助"蓝鹰"夺得意大利杯、意大利超级杯和意甲联赛冠军。2003 年之后，西蒙尼重回马竞，但随着年龄的增长，竞技水平逐渐下滑，他最终于 2006 年在阿根廷竞技队结束自己的职业生涯。

可以说，西蒙尼的俱乐部生涯伴随着无数的荣誉和辉煌，而在国家队领域，"匪徒"的成就也颇为耀眼。他是阿根廷国家队勇夺 1991 和 1993 年美洲杯以及 1992 年联合会杯冠军的主力球员。从 1994 年到 2002 年，西蒙尼作为主力后腰，参加连续三届世界杯。而且在 1998 年世界杯 1/8 决赛上，他还为世界足坛留下永恒的争议话题——亲手送首次参加世界杯的贝克汉姆回家。

作为球员，西蒙尼无疑是成功的，而退役之后拿起教鞭，则让这个拥有硬汉血统的男人再次迈向卓越。2006 从阿根廷竞技队开始教练生涯的西蒙尼，先后执教过拉普拉塔大学生队、河床队、圣洛伦索队以及意甲的卡塔尼亚队。2011 年 12 月，他接替曼萨诺，成为老东家马德里竞技队的主教练，仅用时一年时间，他便率领球队在 2012 年欧联杯中登顶，并勇夺当年的欧洲超级杯。截至目前，作为马竞主帅的西蒙尼，已经率领球队两次杀进欧冠决赛，拿下包括欧联杯、欧洲超级杯、西甲联赛、西班牙超级杯以及国王杯在内的 5 个冠军。

如今，48 岁的西蒙尼仍然站在马竞教练席，用激情昂扬的指挥艺术，率领马竞力拼皇马、巴萨。也许有朝一日，我们能看到这个当年的阿根廷队魂出现在"蓝白军团"的指挥席上，用同样热血的方式，改写阿根廷足球的历史。

1988 年—2002 年代表阿根廷国家队出场 106 场、进球 11 粒
参加世界杯：1994 年、1998 年、2002 年 / 世界杯数据：出场 11 场、进球 0 粒
●迭戈·西蒙尼/Diego Simeone ●出生日期：1970 年 4 月 28 日 ●出生地：布宜诺斯艾利斯 ●身高：1.77 米
●位置：后腰 ●主要效力俱乐部：萨斯菲尔德 / 马德里竞技 / 拉齐奥 ●国家队荣耀：2 届美洲杯冠军 / 1 届联合会杯冠军 / 1 届奥运男足银牌 ●俱乐部荣耀：1 届西甲联赛冠军 /1 届国王杯冠军 /1 届意甲联赛冠军 /1 届意大利杯冠军 /1 届意大利超级杯冠军 /1 届欧洲联盟杯冠军 /1 届欧洲超级杯冠军 ●个人荣耀：1 届西甲最佳拉美球员奖

小将 / 萨内蒂

Javier Zanetti

足坛常青树，永远的国米小将——哈维尔·萨内蒂，在梅阿查球场拥有难以取代的位置，他是蓝黑球迷心中最伟大的队长，但在阿根廷球迷心中，萨内蒂同样有着不可复制的地位。尽管萨内蒂只代表阿根廷国家队参加1998年和2002年两届世界杯，但他却保持着阿根廷国家队最多出场纪录（145场）、世界杯预选赛出场次数最多纪录（51场）、参加美洲杯次数最多纪录（5届）。

萨内蒂的职业生涯起步于班菲尔德队，司职右后卫的他，在场上奔跑积极，防守技巧出众，由此吸引到国内多支豪门的注意。然而，萨内蒂更加渴望前往欧洲踢球，1995年8月，国米以315万美元的转会费签下萨内蒂。"小将"传奇的蓝黑生涯就此开始。

1995年开始，萨内蒂为"蓝黑军团"镇守右路长达19年之久。858场正式比赛、47次参加米兰德比、16座冠军奖杯，萨内蒂几乎将一个运动员最璀璨的运动时光全部奉献给了国际米兰，他默默无闻地奔跑和防守，直到41岁才停下奔跑的脚步。

萨内蒂总共出战1115场职业比赛（俱乐部加国家队），在世界足坛历史上，仅次于英格兰门将希尔顿、巴西门将切尼、巴西后卫罗伯特·卡洛斯和英格兰门将雷·克莱门斯。

忠诚、坚韧、无私，这是萨内蒂传奇一生所谱写的价值序曲，他是蓝黑球迷心中永垂不朽的"小将"，同样是蓝白球迷心中无法磨灭的"丰碑"。

1994年—2011年代表阿根廷国家队出场145场、进球5粒
参加世界杯：1998年、2002年 / 世界杯数据：出场8场、进球1粒
●哈维尔·萨内蒂/Javier Zanetti ●出生日期：1973年8月10日 ●出生地：布宜诺斯艾利斯 ●身高：1.78米 ●位置：右后卫/左后卫/后腰 ●主要效力俱乐部：班菲尔德/国际米兰 ●国家队荣耀：1届奥运男足银牌 ●俱乐部荣耀：5届意甲联赛冠军/4届意大利杯冠军/4届意大利超级杯冠军/1届欧洲联盟杯冠军/1届欧冠联赛冠军/1届世俱杯冠军

阿根廷历史四十大巨星　　　　　ARGENTINA NATIONAL FOOTBALL TEAM

疯子 / 帕勒莫

Martin Palermo

可以在一场比赛中连续罚丢三粒点球上演点球不进"帽子戏法",沦为千古笑谈;也可以临危受命力挽狂澜,加冕民族英雄;可以在球场上脱裤庆祝惹来种种非议;也可以独享博卡青年队内射手王——帕勒莫,就是这样一个让人又爱又恨的"疯子",一朵阿根廷足球史上的"奇葩"。

年少时的帕勒莫,在拉普拉塔郊区的一家青年训练营学习足球,他与好友谢洛托人一起训练和学习,但有趣的是,他们最后都遭到了这所学校开除,恰恰印证了他"疯子"的秉性。

1992年,19岁的帕勒莫在拉普拉塔大学生队,开始自己的职业生涯。1997年,帕勒莫以230万英镑转会博卡青年队,在那里见证了"球王"马拉多纳身为职业球员的最后一个赛季,并目睹了老马的最后一粒进球。两人之间的友谊,也正是从那时起建立的。

在博卡青年队的前4个赛季中,帕勒莫在联赛中出战102场比赛,打进82球,展现出恐怖的进球效率。其中在1998/1999赛季,帕勒莫完成单季35场32球的阿甲联赛进球纪录,率队第17次赢得联赛冠军。他在那一年,也荣膺南美足球先生的称号。

2010年南非世界杯,帕勒莫在与希腊队的小组赛中打入一球,那是他世界杯的首球也是最后一球。15次代表"蓝白军团"出战,打进9球,帕勒莫的国家队生涯谈不上浓墨重彩,但足够引人注目。

1999年—2010年代表阿根廷国家队出场15场、进球9粒
参加世界杯:2010年 / 世界杯数据:出场1场、进球1粒
●马丁・帕勒莫/Martin Palermo ●出生日期:1973年11月7日 ●出生地:拉普拉塔 ●身高:1.88米 ●位置:前锋
●主要效力俱乐部:拉普拉塔大学生 / 博卡青年 / 比利亚雷亚尔 ●俱乐部荣耀:7届阿甲联赛冠军 /2届南美解放者杯冠军 /2届南美优胜者杯冠军 /2届南美联盟杯冠军 /1届洲际杯冠军 ●个人荣耀:1届南美足球先生 /2届阿甲联赛最佳射手

小巫师 / 贝隆

Juan Sebastián Verón

能被人们称作"巫师",注定是具有非凡的魔力和奇幻的魅力,天赋异禀、才华横溢、卓尔不群。你能想到的所有溢美之词,用在他身上都不为过,因为他是胡安·塞巴斯蒂安·贝隆。

贝隆的父亲是大名鼎鼎的足坛传奇,有着"巫师"之称的雷蒙·贝隆。所以,小贝隆得名"小巫师",而在今后的三四十年里,小贝隆凭借自己比父亲更出众的天赋和才华,赢得了更多的赞誉与成就。以至于球迷们提到"巫师",就默认为这个称号只属于贝隆,而他父亲更多的只是一种传说的加持罢了。

作为阿根廷拉普拉塔大学生队的传奇球星,老贝隆在这里三次率队登顶南美解放者杯,在老爹的影响下,小贝隆从小就是大学生队的球迷,而他自己的足球启蒙也是从这里开始。14岁那年,小贝隆在父亲的带领下走进大学生队的青训营。19岁的时候,他就成功代表球队出战成年队的比赛了。出色的脚法和球场视野,让小贝隆迅速在联赛中走红。1996年豪门球会博卡青年队向他递出橄榄枝,他毅然离开了心爱的大学生队,加盟了这支曾经拥有自己偶像——马拉多纳的超级豪门。

尽管贝隆仅仅在博卡青年

队踢了半个赛季，但他却认为这是他一生中最美妙的一段时光，尤其是他身披博卡球衣攻破大学生队球门的那一天，皮球划过夜空急速坠入网窝，36岁的马拉多纳兴奋地冲上去拥抱了20岁的贝隆，那是他一生中最难忘的一刻。

这一年，年满21岁的贝隆踏上了征服欧洲的旅程，他从桑普多利亚队开始，在此后的十年里辗转了6支球队。这期间，既有"蓝鹰"拉齐奥队时期的如日中天，亦有失意的"红魔"曼联队时的颓废消沉。2006年，流浪欧洲十年的"巫师"回到阿根廷，回到了自己梦开始的地方——拉普拉塔大学生队。2009年，34岁的贝隆率领大学生队时隔39年再夺南美解放者杯冠军，他终于完成了自己毕生的夙愿——像父亲一样率领大学生队登顶南美之巅。

在阿根廷国家队，贝隆的经历同样几经波折，1998年和2002年世界杯上，贝隆被帕萨雷拉和贝尔萨委以重任，但"巫师"的表现乏善可陈，尤其是韩日世界杯上，被"疯子"贝尔萨钦点为绝对核心的贝隆表现形同梦游，在赛后引来阿根廷媒体和球迷的口诛笔伐。2006年世界杯，佩克尔曼确立了以里克尔梅的中场核心地位，而贝隆则惨遭弃用。据说，当时阿根廷国家队有所谓的"索林帮"和"贝隆帮"之分，两派球员势如水火，贝隆之所以无缘德国世界杯，正是因为队长索林的缘故。

直到2010年南非世界杯，马拉多纳临危受命接过主帅教鞭，贝隆才重新获得代表国家队出场的机会，而作为"索林帮"的坎比亚索、里克尔梅和萨内蒂则遭到了淘汰。时隔8年重返世界杯的贝隆，已经是35岁的高龄，他的表现中规中矩，而阿根廷队也未能在该届大赛中走得更远，1/4决赛惨遭德国人4比0血洗，"巫师"的世界杯使命就此结束。

脚法出众、视野广阔、传球精准，贝隆拥有传统阿根廷中场所具备的才华，他是蓝白军团队史上的一代大师，不可复制。

1996年—2010年代表阿根廷国家队出场73场、进球9粒
参加世界杯：1998年、2002年、2010年 / 世界杯数据：出场11场、进球0粒
●胡安·塞巴斯蒂安·贝隆/Juan Sebastián Verón ●出生日期：1973年8月10日 ●出生地：布宜诺斯艾利斯
●身高：1.85米 ●位置：中场 ●主要效力俱乐部：拉齐奥 / 曼联 / 国际米兰 / 拉普拉塔大学生 ●国家队荣耀：1届奥运男足银牌 ●俱乐部荣耀：2届阿甲联赛冠军 /1届南美解放者杯冠军 /2届意甲联赛冠军 /3届意大利杯冠军 /2届意大利超级杯冠军 /1届欧洲联盟杯冠军 /1届英超联赛冠军 /1届欧洲超级杯冠军 ●个人荣耀：1届世界杯助攻王 /1届欧冠联赛助攻王 /2届阿根廷年度最佳球员奖 /2届南美足球先生 /1届南美解放者杯最佳球员奖 /1届世俱杯银球奖

魔术师 / 里克尔梅

Juan Román Riquelme

1997年的"U-20"的世青赛中，那支阿根廷队中很多人都成为2006年德国世界杯的核心成员，里克尔梅就是其中一员，但里克尔梅在国家队的生涯并不顺利。

1999年的美洲杯，年仅21岁的"罗曼"第一次随队参加大赛，在贝尔萨的"3313"阵型中，里克尔梅出任前锋，但是那届杯赛留给阿根廷球迷只有"疯子"前锋帕勒莫一场比赛三次罚失点球的苦涩记忆。后来，时任阿根廷国家队主教练的贝尔萨以节奏太慢为由将里克尔梅排除在2002年日韩世界杯大名单之外。

2003年4月30日，在和利比亚队的一场国际友谊赛中，里克尔梅打进他代表阿根廷国家队的第一球，但是他没有得到参加2004年美洲杯的机会。2006年德国世界杯预选赛，新上任的主帅佩克尔曼给了里克尔梅极大的发挥空间，于是在预选赛上，阿根廷队顺风顺水，一路高歌猛进，里克尔梅也在前腰位置上踢得如鱼得水，奉献了许多精彩助攻和进球。在和德国队的1/4决赛比赛中，里克尔梅奉献了一次精彩的助攻，但阿根廷队在随后的点球大战中被挡在4强的门外，里克尔梅最后获得那届赛事的助攻王。

里克尔梅最大的特点是他的传球，他的传球可以用手术刀来形容。极具想象力，精准度让人赞叹，潜水艇时期弗兰依靠他的传球获得了欧洲金靴奖。

1997年—2008年代表阿根廷国家队出场51场、进球17粒
参加世界杯：2006年 / **世界杯数据**：出场5场、进球0粒
●胡安·罗曼·里克尔梅：/Juan Román Riquelme ●出生日期：1978年6月24日●出生地：圣费尔南多●身高：1.82米●位置：前腰●主要效力俱乐部：博卡青年 / 比利亚雷亚尔●国家队荣耀：1届美洲杯亚军/1届联合会杯亚军●俱乐部荣耀：4届阿甲联赛冠军/3届南美解放者杯冠军/1届南美优胜者杯冠军/1届欧洲联盟杯冠军/1届洲际杯冠军●个人荣耀：1届南美足球先生/4届阿根廷最佳球员奖/2届南美解放者杯最佳球员奖/1届西甲最佳外籍球员奖

阿根廷历史四十大巨星　　　　　　ARGENTINA NATIONAL FOOTBALL TEAM

兔子 / 萨维奥拉

Javier Saviola

他年少成名，他被视为"球王接班人"，下一个马拉多纳的传奇原本由他主导。但现实永远比梦想要残酷，萨维奥拉没有将预期演绎成传奇，在漫长的阿根廷足球历史长河中，他属于平庸的一档，但没人愿意以平庸的眼光审视他的存在。

萨维奥拉 16 岁就代表河床队征战阿甲联赛，从 1998 年到 2001 年，他共出场 86 次，打入 45 球。2001 年世青赛上，萨维奥拉大放异彩，在 7 场比赛中共打进 11 球，荣膺赛会金靴奖和金球奖。同年夏天，巴塞罗那队以 3000 万欧元签下萨维奥拉，创造当时阿根廷与欧洲俱乐部球员交易的最高纪录。

以意识和效率见长的萨维奥拉，没有绝对出众的身体素质和速度，这让他对抗能力稍显欠缺。2004 年里杰卡尔德接过巴萨队教鞭后，萨维奥拉逐渐被排挤在主力阵容之外，先后被租借到摩纳哥队和塞维利亚队。

萨维奥拉的逐鹿欧洲之旅并不愉快，而在国家队，萨维奥拉的经历同样曲折。2006 年他首次随队出征世界杯，在小组赛阶段，萨维奥拉的表现还算出色，首战 2 比 1 击败科特迪瓦队他就打进一球，次战 6 比 0 狂胜塞黑队，他一个人制造球队的三粒进球。但此后的三场比赛，他没有再贡献更多的力量，阿根廷队止步 8 强，萨维奥拉的世界杯之旅宣告结束。2009 年年底，年仅 28 岁的他宣布退出国家队，一代天才，就此陨落。

2000 年—2007 年代表阿根廷国家队出场 43 场、进球 12 粒
参加世界杯：2006 年 / 世界杯数据：出场 3 场、进球 1 粒
●哈维尔·萨维奥拉 /Javier Saviola ●出生日期：1981 年 12 月 11 日 ●出生地：布宜诺斯艾利斯 ●身高：1.68 米
●位置：前锋 ●主要效力俱乐部：河床 / 巴塞罗那 ●国家队荣耀：1 届奥运男足金牌 /1 届 U-20 世青赛冠军 /1 届美洲杯亚军 /1 届联合会杯亚军 ●俱乐部荣耀：2 届阿甲联赛冠军 /1 届南美解放者杯冠军 /1 届西甲联赛冠军 /1 届西班牙超级杯冠军 /1 届欧洲联盟杯冠军 ●个人荣耀：1 届南美足球先生 /1 届阿根廷足球先生 /1 届葡萄牙金球奖

外国佬 / 海因策

Gabriel Heinze

海因策是阿根廷国家队在 21 世纪第一个十年里的后防中坚。出道于纽维尔老男孩俱乐部的他，曾先后效力于巴拉多利德队、巴黎圣日耳曼队、曼联队、皇马队、马赛队以及罗马队等多支顶级俱乐部。作为后防万金油，海因策可以踢中卫，也能胜任左后卫的位置。作风强悍，意志顽强，让所有与之对位的前锋都苦不堪言。

不过，海因策在场上的位置感一般，他更多的只能以蓝领球员负责在后方扫荡，较差的助攻意识，让他很难在进攻中为球队输送更多支援。

在国家队，海因策是教练信赖的铁血后防屏障，2004 年雅典奥运会上，他就作为超龄球员出征，随队摘得金牌。2006 年和 2010 年，无论是佩克尔曼还是马拉多纳，都对作风硬朗、兢兢业业的海因策颇为青睐。2010 年南非世界杯同尼日利亚队的首场比赛，正是海因策在开场 5 分 44 秒时接贝隆的角球冲顶破门，帮助阿根廷队以 1 比 0 涉险过关，那是他世界杯生涯的首粒进球。

7 年国家队生涯，海因策代表球队出战 72 场比赛，打进 3 球。退役之后的海因策走上了教练席，如今，他是阿根廷萨斯菲尔德俱乐部的主教练。也许有朝一日，我们还能看到这个硬汉，出现在阿根廷国家队的大名单中，以另一种身份继续嘶吼。

2003 年—2010 年代表阿根廷国家队出场 72 场、进球 3 粒
参加世界杯：2006 年、2010 年 / 世界杯数据：出场 8 场、进球 1 粒
●加布里埃尔·海因策/Gabriel Heinze ●出生日期：1978 年 4 月 19 日 ●出生地：克雷斯波 ●身高：1.79 米 ●位置：中后卫 ●主要效力俱乐部：巴利亚多利德 / 巴黎圣日耳曼 / 曼联 / 皇家马德里 ●国家队荣耀：1 届奥运男足金牌 /2 届美洲杯亚军 /1 届联合会杯亚军 ●俱乐部荣耀：1 届阿甲联赛冠军 /1 届英超联赛冠军 /1 届西甲联赛冠军 /1 届西班牙超级杯冠军 /1 届法甲联赛冠军 /2 届法国联赛杯冠军

阿根廷历史四十大巨星　　　　　　　ARGENTINA NATIONAL FOOTBALL TEAM

小丑 / 艾马尔

Pablo Aimar

马拉多纳曾表示，令他甘愿掏钱观赏球技的球员，艾马尔当属世上唯一一位。而梅西也不止一次表示，艾马尔是自己儿时的偶像，尤其痴迷于他飘逸的球风。艾马尔的巅峰无比璀璨，但就像流星般，一瞬即逝，颇为遗憾。

1993年，14岁的艾马尔进入河床队的青年队试训，1996年8月11日代表河床一线队完成首秀。他代表河床队出战82场比赛，打进31球，并帮助球队夺得了一次联赛冠军和一次南美超级杯冠军。

2001年11月，艾马尔转会巴伦西亚队，并随球队2次夺得西甲冠军、1次联盟杯冠军和1次欧洲超级杯冠军。不过，辉煌的时光总是败给伤病，2004年艾马尔开始受到伤病的侵袭，加之与新帅拉涅利战术理念的不合，很快便失去主力位置。

在国家队中，艾马尔的表现也一如俱乐部那般高开低走。2002年韩日世界杯上，他在小组赛中替补两场首发一场。2006年，佩克尔曼出任国家队主帅，同样带上了艾马尔，这一次他是作为里克尔梅的替补，但阿根廷队依然没有走得很远。此后，艾马尔便鲜有机会代表阿根廷国家队征战。2009年10月11日，艾马尔曾经时隔两年后重返国家队，在球队同秘鲁队的关键比赛中助攻伊瓜因破门，帮助"蓝白军团"以2比1战胜对手。那是"小丑"最后一次身穿蓝白球衣出场比赛。

1999年—2009年代表阿根廷国家队出场52场、进球8粒
参加世界杯：2002年、2006年 / 世界杯数据：出场6场、进球0粒
●巴勃罗·艾马尔/Pablo Aimar ●出生日期：1979年11月3日 ●出生地：科尔多瓦 ●身高：1.70米 ●位置：前腰
●主要效力俱乐部：河床/瓦伦西亚/本菲卡 ●国家队荣耀：1届美洲杯亚军/1届联合会杯亚军/1届U-20世青赛冠军/2届南美青年锦标赛冠军 ●俱乐部荣耀：3届阿甲联赛冠军/1届南美超级杯冠军/2届西甲联赛冠军/1届欧洲联盟杯冠军/1届欧洲超级杯冠军/1届葡超联赛冠军/4届葡萄牙联赛杯冠军 ●个人荣耀：1届西甲最佳拉美球员奖

冲锋侍卫 / 索林

Juan Pablo Sorín

21世纪，阿根廷国家队内部曾经"分裂"出过两大帮派，即以"巫师"为首的"贝隆帮"，以及"索林帮"，胡安·索林，正是这个帮派的带头大哥。

从阿根廷青年人俱乐部出道的索林，职业生涯效力过多支职业俱乐部，其中不乏尤文图斯队、巴塞罗那队、拉齐奥队这样的豪门劲旅。索林在场上司职左后卫，身体强壮，多才多艺，而且拥有极佳的插上助攻能力。

索林从1995年开始为阿根廷国家队效力，2002年韩日世界杯上，他就已经是球队的后防主力。贝尔萨卸任，佩克尔曼走马上任之后，作为当年青年队里的老部下，索林被佩帅委以重任，顺理成章地接过球队队长袖标。

与此同时，"索林帮"开始在更衣室中主导话语权，萨内蒂、坎比亚索、里克尔梅都在该届大赛中占据主力位置，而正值当打之年的贝隆，则因为与索林的矛盾无缘世界杯。4年后，当亲"贝隆派"的马拉多纳执掌国家队后，"索林帮"开始退出历史舞台。萦绕在阿根廷国家队更衣室中无形的硝烟，被看作是阿根廷队在那个年代战绩不佳的原因之一。

退役之后的索林，曾在ESPN担任战术分析师，他的生活中依然有足球。

1995年—2006年代表阿根廷国家队出场76场、进球12粒
参加世界杯：2002年、2006年 / 世界杯数据：出场7场、进球0粒
● 胡安·巴勃罗·索林 /Juan Pablo Sorín ● 出生日期：1976年5月5日 ● 出生地：布宜诺斯艾利斯 ● 身高：1.73米
● 位置：左后卫 / 左中场 ● 主要效力俱乐部：河床 / 克鲁塞罗 ● 国家队荣耀：1届U-20世青赛冠军 ● 俱乐部荣耀：4届阿甲联赛冠军 /1届南美解放者杯冠军 /1届南美优胜者杯冠军 /1届南美超级杯冠军 /1届巴西杯冠军 /1届米内罗锦标赛冠军
● 个人荣耀：1届巴西金球奖

阿根廷历史四十大巨星　　ARGENTINA NATIONAL FOOTBALL TEAM

司令 / 坎比亚索

Esteban Cambiasso

坎比亚索是一个真正的天才，也是一个渴望得到归属感的足坛怪才。早在16岁那年，皇家马德里队就看中了坎比亚索的天赋，从阿根廷的青年人俱乐部将他招致麾下。当时坎比亚索的传球、调度、领导等多项能力已经展现出了一线队球员的标准，但是他的身体在当时还十分瘦弱。随后就被皇马队不停地出租给河床队、独立队等阿根廷国内俱乐部，似乎伯纳乌球场的一切都和这个失意的阿根廷天才无缘了。

觉得自己被羞辱的坎比亚索希望能够在皇家马德里面前能够证明自己，随后他褪去了曾经的天才光环，在被人认为是打道回府的阿根廷俱乐部里疯狂地提升着自己的身体素质。24岁的坎比亚索最终被皇马从无尽的租借中扫地出门，他被莫拉蒂这个喜爱阿根廷球员的国际米兰主席免费签下，并向他许诺主力位置，从此坎比亚索就成为"蓝黑军团"中不可动摇的中场核心。

坎比亚索的防守能力十分出色，依靠着自己的跑动能力弥补了进攻端才华的不足。虽然身体素质不够出色，但他的缠斗精神和进攻时的快速传球帮助国际米兰夺得三冠王，他是国米队中仅次于队长萨内蒂的超级领袖。

2000年—2011年代表阿根廷国家队出场52场、进球5粒
参加世界杯：2006年 / 世界杯数据：出场5场、进球1粒
●埃斯特班·坎比亚索/Esteban Cambiasso ●出生日期：1980年8月18日 ●出生地：布宜诺斯艾利斯 ●身高：1.77米 ●位置：后腰 ●主要效力俱乐部：独立 / 皇家马德里 / 国际米兰 ●国家队荣耀：1届U-20世青赛冠军 / 2届南美青年锦标赛冠军 ●俱乐部荣耀：1届西甲联赛冠军 / 1届西班牙超级杯冠军 / 5届意甲联赛冠军 / 4届意大利杯冠军 / 4届意大利超级杯冠军 / 1届欧洲超级杯冠军 / 1届欧冠联赛冠军 / 1届洲际杯冠军 / 1届世俱杯冠军

31-40
Argentina National Team
Super Star

梅阿查王子 / 米利托

Diego Milito

他不是被命运选中的天才，但凡人也会在关键时刻成为被铭记的超级英雄，他就是迭戈·米利托，一个伟大的"平凡人"。米利托从小并不是一名天才球员，出道开始的进球率也不高，他代表竞赛队出场的 137 场比赛中，仅仅打入 36 球。在 2003 年转会到意乙的热那亚队之后，米利托逐渐开始在欧洲崭露头角。

但是升级的热那亚队因为假球案而被降至丙级联赛，米利托选择去西班牙发展。在萨拉戈萨队的 3 个赛季，米利托打进 51 粒进球，不幸的是，萨拉戈萨队也降级了。米利托回到热那亚队，并凭借一己之力，以 24 粒进球的超级表现帮助球队拿到联盟杯资格。国米主帅穆里尼奥看中了米利托不惜体力奔跑而且把握战机能力极强的特点，以 2500 万元将他带到梅阿查。

在梅阿查的首个赛季，是米利托职业生涯里最神奇的一个赛季：欧冠半决赛以 3 比 1 击败强大的巴萨，米利托用 1 个进球 2 次助攻的表现帮助球队闯进欧冠决赛；意大利杯决赛面对罗马队又是米利托站了出来打入唯一进球；在欧冠决赛对阵拜仁的比赛中，又是米利托包办全场的两粒进球，帮助国际米兰荣获"三冠王"。

如果没能达到自己想要的目标，那么很可能就是因为自己的努力程度还不够。这句话或许放在米利托的职业生涯里再合适不过了。

2003 年—2011 年代表阿根廷国家队出场 25 场、进球 4 粒
参加世界杯：2010 年 / 世界杯数据：出场 2 场、进球 0 粒
●迭戈·米利托 /Diego Milito ●出生日期：1979 年 6 月 12 日 ●出生地：贝尔纳尔 ●身高：1.83 米 ●位置：前锋
●主要效力俱乐部：竞赛 / 萨拉戈萨 / 国际米兰 ●俱乐部荣耀：2 届阿甲联赛冠军 /1 届意甲联赛冠军 /2 届大利杯冠军 /1 届意大利超级杯冠军 /1 届欧冠联赛冠军 /1 届世俱杯冠军 ●个人荣耀：1 届欧洲俱乐部最佳球员奖 /1 届欧洲俱乐部最佳前锋奖 /1 届意大利足球先生 /1 届意甲最佳射手奖 /1 届意甲年度外援奖

阿根廷历史四十大巨星　　　　　　　　ARGENTINA NATIONAL FOOTBALL TEAM

飞侠 / 罗德里格斯　　　　　　　　　　　　　　　　　　　　Maxi Rodríguez

全能而出色，这就是马克西·罗德里格斯。速度奇快、技术出色、想象力丰富的罗德里格斯在纽维尔老男孩俱乐部开始自己的职业生涯，年仅15岁就代表俱乐部一线队出场。初出茅庐时的马克西能够胜任左右两个边锋的位置，还能够客串中锋，稍显瘦弱的身体保证了他的速度和灵活性，在为纽维尔老男孩俱乐部效力6个赛季之后，22岁的罗德里格斯加盟西班牙人队，随后正式被固定在左边锋的位置，他的内切和盘带能够十分迅捷地搅乱对手的后防线。

罗德里格斯入选阿根廷"U-20"国家队，参加2001年世青赛。他在16强淘汰赛对阵中国国青队的比赛中打进第一粒进球，帮助阿根廷队以2比1险胜。逐渐坐稳主力位置的罗德里格斯代表了阿根廷队出战德国和南非两届世界杯，在德国世界杯上他作为"潘帕斯军团"的主力中场，其突破和得分能力表现得十分出色，攻入三球成为了世界杯银靴获得者。而罗德里格斯在8强战时对阵墨西哥队比赛中的进球，被称作是德国世界杯的最佳进球之一。可惜接下来在对阵德国互射点球落败后，他与德国球员发生冲突，并挥拳击向弗林斯和施魏因施泰格，被国际足联停赛两场。

在南非时，失去了主力位置的罗德里格斯也只能作壁上观，当年兼具得分和突破的灵气边锋如今也挡不住时光的变迁，悄然老去。

2003年—2014年代表阿根廷国家队出场57场、进球16粒
参加世界杯：2006年、2010年、2014年 / 世界杯数据：出场12场、进球3粒
●马克西·罗德里格斯 /Maxi Rodríguez ●出生日期：1981年1月2日 ●出生地：罗萨里奥 ●身高：1.80米
●位置：左边锋 ●主要效力俱乐部：纽维尔老男孩 / 西班牙人 / 马德里竞技 / 利物浦 ●国家队荣耀：1届世界杯亚军 /1届U-20世青赛冠军 ●俱乐部荣耀：1届阿甲联赛冠军 /1届国际托托杯冠军 /1届英格兰联赛杯冠军 ●个人荣耀：1届南美足球先生 /4届阿根廷最佳球员奖 /2届南美解放者杯最佳球员奖 /1届西甲最佳外籍球员奖

蓝白之帜 阿根廷传

野兽 / 特维斯

因其貌不扬而被人们冠以"野兽"称号的特维斯是一个不折不扣的进球疯子。这个从贫民窟中打拼出来的天才少年在1996年就站在了阿根廷顶级联赛的赛场上。2003年特维斯帮助球队夺得了阿甲级冠军、解放者杯冠军。在洲际杯上特维斯率博卡青年队战胜AC米兰队,实现三冠王伟业,特维斯也拿到了南美足球先生的荣誉。

特维斯在博卡队效力将近4年的时间里,一共出场75次,打入26球。在效力曼联队期间,获得俱乐部的大满贯。

2006年德国世界杯上,特维斯只有1球入账,原因是他在国家队中却始终没能获得足够的信任,为国效力的76场比赛仅仅收获13粒进球。2007年的美洲杯,特维斯作为球队替补,在决赛中对阵巴西队的比赛中,特维斯顶替受伤的克雷斯波,但是也没能拯救阿根廷队,再一次错失冠军。

2011年,特维斯随队参加美洲杯,但"野兽"发挥不佳,受到球迷和媒体的批评。新任主教练萨维利亚直接将特维斯弃用,直到马蒂诺在2015年的美洲杯重新将特维斯带回国家队。而受到信任的特维斯决定用表现报答马蒂诺,在8强战中特维斯打进制胜点球,帮助阿根廷队淘汰哥伦比亚队从而晋级4强。

作为中锋位置上的他,兼具速度、技术、射术、身体的特维斯还有极强的战斗意志,这个从贫民窟中走出的巨星似乎就是为了和对手的后卫战斗而生的。

2004年至今代表阿根廷国家队出场76场、进球13粒
参加世界杯：2006年、2010年 / 世界杯数据：出场8场、进球3粒
●卡洛斯·特维斯 /Carlos Tévez ●出生日期：1984年2月5日●出生地：休达德拉●身高：1.73米●位置：前锋
●主要效力俱乐部：博卡青年 / 曼城 / 尤文图斯●国家队荣耀：1届南美青年锦标赛冠军●俱乐部荣耀：1届阿甲春季联赛冠军 /1届阿根廷杯冠军 /1届南美解放者杯冠军 /3届英超联赛冠军 /1届足总杯冠军 /1届联赛杯冠军 /2届社区盾冠军 /2届意甲联赛冠军 /1届意大利杯冠军 /1届意大利超级杯冠军 /1届欧冠联赛冠军 /1届洲际杯冠军 /1届世俱杯冠军●个人荣耀：3届南美足球先生 /1届意甲联赛足球先生 /2届阿根廷年度最佳球员奖 /1届英超金靴奖

绞肉机 / 马斯切拉诺

Javier Mascherano

马斯切拉诺的职业生涯里一共获得了 18 座有分量的冠军荣誉，身高不高、防守站位极佳、体能充沛且作风强硬的马斯切拉诺深得所有球迷的喜爱。

马斯切拉诺在 2006 年德国首次征战世界杯，阿根廷队在世界杯首场小组赛中 2 比 1 战胜科特迪瓦，马斯切拉诺完成世界杯首秀。马斯切拉诺在全部的 5 场比赛中踢满全场，帮助阿根廷国家队杀进 1/4 决赛。

2007 年，马斯切拉诺代表阿根廷国家队出征在委内瑞拉举行的美洲杯。阿根廷队在最后一场小组赛中以 1 比 0 战胜巴拉圭队，马斯切拉诺在下半场第 67 分钟替补出场，随后在第 79 分钟打进制胜球，这是马斯切拉诺代表阿根廷国家队参赛以来的首粒进球。整届赛事，马斯切拉诺共出场 6 次，帮助阿根廷队夺得美洲杯亚军。在南非世界杯，马斯切拉诺代表阿根廷国家队在世界杯中出场 4 次，帮助球队杀进 1/4 决赛，却以 0 比 4 惨败给德国队。2011 年的美洲杯，马斯切拉诺因连续吃到黄牌而被红牌罚下，阿根廷队最终在点球大战中输给了乌拉圭队，被淘汰出局。在这之后，主帅萨维利亚将阿根廷队的队长袖标交给梅西，马斯切拉诺降到副队。

在巴西世界杯第二场小组赛中，马斯切拉诺第 100 次代表阿根廷国家队出战，成为阿根廷国家队历史上第 4 位为国出战一百次以上的球员。整届赛事，马斯切拉诺在阿根廷国家队的 7 场比赛中全部踢满全场，最终输给老对手德国队屈居亚军。

2003 年至今代表阿根廷国家队出场 142 场、进球 3 粒
参加世界杯：2006 年、2010 年、2014 年 / 世界杯数据：出场 16 场、进球 0 粒
●哈维尔·马斯切拉诺/Javier Mascherano ●出生日期：1984 年 6 月 8 日 ●出生地：圣洛伦索 ●身高：1.74 米 ●位置：后腰 / 中后卫 ●主要效力俱乐部：河床 / 利物浦 / 巴塞罗那 ●国家队荣耀：1 届世界杯亚军 /4 届美洲杯亚军 /2 届奥运男足金牌 ●俱乐部荣耀：1 届阿甲秋季联赛冠军 /4 届西甲联赛冠军 /5 届国王杯冠军 /3 届西班牙超级杯冠军 /2 届欧冠联赛冠军 /2 届欧洲超级杯冠军 /2 届世俱杯冠军 ●个人荣耀：1 届土伦杯最佳球员奖

小跳蚤 / 梅西

Lionel Messi

一个不必过多介绍的名字，5 座金球奖、3 座欧洲足球先生、4 座欧冠冠军、9 个西甲冠军、6 个国王杯冠军、1 枚奥运金牌就足以证明梅西在足球历史上的伟大贡献。自在 2005 年阿根廷对阵匈牙利的比赛中贡献了处子球之后，梅西总共为阿根廷出战了 123 场正式比赛，贡献了 61 个进球。在 2005 年的世青赛中当时不过 18 岁的梅西获得金球奖和金靴奖的荣誉，自此宣告这个改变世界足坛格局的未来巨星即将诞生。

2006 年世界杯显然并不是梅西的舞台，首战科特迪瓦队他未获出场机会，第二场对阵塞黑队，梅西才在第 74 分钟替补马克西·罗德里格斯登场，并贡献了他在世界杯上的第一粒进球。小组末轮对荷兰队，梅西首发但表现平平。淘汰赛中面对墨西哥队也只是替补出场，和德国队的比赛中也没能获得上场机会。

梅西的国家队生涯是充满艰险的。2007 年的美洲杯上梅西差一点点就能为阿根廷带来一座足够分量的冠军荣誉。在北京奥运会上，梅西随阿根廷国奥队夺取男足金牌，决赛中梅西还助攻迪马利亚打入了制胜球，获得了奥运会金牌的奖项。梅西不仅仅在球场上挥洒着自己的天分，同时在场外也时刻体现着自己高尚的人格。在 2009 年 3 月 28 日，阿根廷队对阵委内瑞拉队的比赛中，梅西首次穿上象征着领袖和核心的 10 号球衣，而这场比赛的主教练正是昔日的

"球王"马拉多纳。

　　2010年南非世界杯是梅西第一次在国家队中出任核心的位置,但梅西稍显平淡的发挥也让阿根廷队在1/4决赛以0比4的比分惨败德国队,这也是阿根廷队在世界杯历史淘汰赛上最大比分输球。2014年巴西世界杯上的梅西同样是扛着阿根廷队走到了最后的决赛,但是依旧不敌已经将防守和控球做到极致的德国队,梅西始终与国家队冠军无缘,但这丝毫并不影响他的伟大。

　　他是天才,也是一位合格的队长和核心,他总是渴望帮助"蓝白军团"获得所有的冠军,却总是功亏一篑,俱乐部中出色的表现也很难将他们带到国家队中。这就是里奥·梅西。一个永远以一己之力带动整支球队前进的传奇级进攻发动机,不知道正在巅峰期的他还能够为世界足坛留下多少津津乐道的瞬间。

2005年至今代表阿根廷国家队出场123场、进球61粒
参加世界杯: 2006年、2010年、2014年 / **世界杯数据:** 出场15场、进球5粒
●里奥·梅西/Lionel Messi ●出生日期:1987年6月24日 ●出生地:罗萨里奥 ●身高:1.70米 ●位置:前锋/边锋/前腰 ●主要效力俱乐部:巴塞罗那 ●国家队荣耀:1届世界杯亚军/3届美洲杯亚军/1届世青赛冠军/1届奥运男足金牌 ●俱乐部荣耀:9届西甲联赛冠军/6届国王杯冠军/7届西班牙超级杯冠军/3届欧冠联赛冠军/3届欧洲超级杯冠军/3届世俱杯冠军 ●个人荣耀:1届世界足球先生/4届世界金球奖/2届欧洲最佳球员奖/1届欧洲金靴奖/1届世界杯金球奖/1届欧洲金童奖/6届西甲最佳球员奖/7届西甲最佳前锋奖/4届西甲最佳射手奖/5届欧冠联赛最佳射手奖

阿根廷历史四十大巨星　　　　　　ARGENTINA NATIONAL FOOTBALL TEAM

小烟枪 / 伊瓜因

Gonzalo Higuaín

　　出生在法国的伊瓜因从河床队青训中出道，仅踢了 1 年的正式比赛就被皇马相中，并带到了伯纳乌和本泽马展开竞争。伊瓜因超强的射术和控球能力使他很快就将老队长劳尔挤到替补席上，而他和 C 罗的锋线组合也成为西甲最好的锋线组合之一。

　　2006 年 11 月，伊瓜因突然被法国国家队教练多梅内克征招入伍，但伊瓜因拒绝了邀请，他只想为祖国阿根廷效力。伊瓜因在自己的首场国家队比赛中就破门得分，帮助阿根廷队以 2 比 1 击败秘鲁队，直接帮助阿根廷队从预选赛中顺利出线，因此伊瓜因也备受阿根廷球迷们的喜爱，而马拉多纳也将伊瓜因作为球队的首发中锋出征南非，伊瓜因不负众望地在 4 比 1 战胜韩国队的比赛中上演"帽子戏法"。

　　2014 年巴西世界杯 1/8 决赛上，阿根廷队对阵比利时队，也是伊瓜因开场的进球帮助球队闯进 4 强。但是伊瓜因在决赛中屡屡浪费机会，导致球队痛失冠军，也让不少球迷认为他根本不够资格出战大场面。即使如此，伊瓜因还是在 71 次代表阿根廷出战的比赛中打入 32 粒进球。鬼魅一般的跑位和精准的射门技术是他最值得信赖的武器，而他的身体素质和出色的爆发力也让他的球队屡屡获益。稳定、高效这样的词汇都能够用在他的身上，"小烟枪"还将在尤文图斯队和阿根廷国家队中展现出更好的自己，不知道在接下来的世界杯中他能够为阿根廷队带来多大的惊喜呢？

2009 年至今代表阿根廷国家队出场 71 场、进球 32 粒
参加世界杯：2010 年、2014 年 / **世界杯数据**：出场 11 场、进球 5 粒
●冈萨洛·伊瓜因 /Gonzalo Higuaín ●出生日期：1987 年 12 月 10 日●出生地：布列斯特●身高：1.86 米
●位置：前锋●主要效力俱乐部：皇家马德里 / 那不勒斯 / 尤文图斯●国家队荣耀：1 届世界杯亚军 /2 届美洲杯亚军
俱乐部荣耀：3 届西甲联赛冠军 /1 届国王杯冠军 /1 届西班牙超级杯冠军 /1 届意甲联赛冠军 /2 届意大利杯冠军 /1 届意大利超级杯冠军●个人荣耀：1 届意甲最佳射手奖

KUN/ 阿奎罗

Sergio Agüero

作为梅西永远的好友和臂膀，阿奎罗的表现甚至能够直接决定阿根廷队的表现。刚刚满15岁的阿奎罗就代表阿根廷独立队亮相阿甲联赛了，并打破由马拉多纳于创下的最年轻出场纪录，由此象征着又一个天才的诞生，这个从贫民窟中走出来的调皮男孩不负众望，终于成为一个家庭、一个国家队的顶梁支柱。

2006年，年仅18岁的阿奎罗在与巴西队的友谊赛中第一次代表阿根廷国家队出战，他之前还代表阿根廷青年队参加3届世青赛，与加戈以及梅西一起在荷兰捧起2005年的世青赛冠军。在2008年北京奥运会男足半决赛中，阿奎罗在5分钟内独进两球，帮助阿根廷队以3比0淘汰死敌巴西队进军决赛。决赛遇到老对手——"非洲雄鹰"尼日利亚队，阿根廷队最终以1比0战胜对手获得冠军。

随后，阿奎罗在2010年南非世界杯小组赛第二场，对阵韩国队的比赛中迎来自己的世界杯首秀，阿奎罗上场后仅一分钟就助攻伊瓜因完成"帽子戏法"，虽然没有进球，但世界杯的首演算是个不错的开头。2014年巴西世界杯赛上，阿奎罗表现平平，在小组赛对阵尼日利亚队的比赛中因肌肉拉伤被迫下场。只在半决赛和荷兰队的点球大战中罚入一记点球。

阿奎罗技术出色、射门精准，作为英超金靴的他在英超赛场上练就了强壮的身体，作为主力中锋的他是梅西身边不可或缺的支点和得分点，他的存在能够为队长梅西分担很多的防守火力，他就是为了解放好友梅西而生的超级射手。步入而立之年的塞尔吉奥·阿奎罗还会和梅西帮助阿根廷队取得极大的进步，84次入选国家队的他相信也会成为下一个达到百场国家队出场次数的阿根廷顶级巨星。

2006年至今代表阿根廷国家队出场84场、进球36粒
参加世界杯：2010年、2014年 / 世界杯数据：出场8场、进球0粒
●塞尔吉奥·阿奎罗/Sergio Agüero ●出生日期：1988年6月2日 ●出生地：布宜诺斯艾利斯 ●身高：1.73米
●位置：前锋 ●主要效力俱乐部：马德里竞技 / 曼城 ●国家队荣耀：1届世界杯亚军 / 2届美洲杯亚军 / 1届奥运男足金牌 / 2届U-20世青赛冠军 ●俱乐部荣耀：3届英超联赛冠军 / 2届联赛杯冠军 / 1届社区盾冠军 / 1届欧罗巴联赛冠军 / 1届欧洲超级杯冠军 ●个人荣耀：1届U-20世青赛金靴奖 / 1届U-20世青赛金球奖 / 1届世界年度最佳年轻球员奖 / 1届西甲最佳外籍球员奖 / 1届英超金靴奖 / 1届西甲最佳拉美球员奖

天使 / 迪马利亚

Ángel Di María

迪马利亚同样也是从一介贫民窟热爱足球的少年,从本地的球队罗萨里奥中央出道,一步步步入皇马队、曼联队、大巴黎队等豪门的超级天才。"天使"迪马利亚主要在球场上司职左边锋的位置,除了出色的盘带能力和速度之外,良好的视野以及不错的射术才是他成为全能的世界级球星的关键。迪玛利亚能够胜任边锋或者组织中场,技术细腻且传球富有想象力,自出道以来一直都是身旁的梅西最好的助力,是阿根廷前场最值得信任的超级发动机。

迪马利亚代表阿根廷队参加两届世界杯赛以及两届美洲杯赛,在2005年帮助阿根廷队获得世青赛冠军。2008年8月23日,奥运会男足决赛阿根廷队对阵尼日利亚队,迪马利亚通过一次反击接到梅西送出的助攻打入全场唯一进球,帮助阿根廷国奥队获得奥运男足金牌。

同年,迪马利亚入选国家队,在9月6日,对阵巴拉圭队的比赛中为阿根廷队首次亮相。2010年5月25日,在阿根廷队以5比0击败加拿大队的友谊赛中,迪马利亚在比赛中打入自己国家队处子球。

可惜,在大型赛事里,迪马利亚都没能拿出最好的发挥,无论是南非世界杯赛还是巴西世界杯赛,迪马利亚的斗志都有所欠缺,导致阿根廷的边路一直都处于进攻有余防守不足的状态。

2008年至今代表阿根廷国家队出场93场、进球19粒
参加世界杯:2010年、2014年 / 世界杯数据:出场10场、进球1粒
●安赫尔·迪马利亚/Ángel Di María ●出生日期:1988年2月14日 ●出生地:罗萨里奥 ●身高:1.80米
●位置:左边锋 ●主要效力俱乐部:皇家马德里/巴黎圣日耳曼 ●国家队荣耀:1届世界杯亚军/2届美洲杯亚军/1届奥运男足金牌/1届U-20世青赛冠军 ●俱乐部荣耀:1届西甲联赛冠军/2届国王杯冠军/1届西班牙超级杯冠军/1届欧冠联赛冠军/1届欧洲超级杯冠军/2届法甲联赛冠军/1届法国杯冠军/1届法国超级杯冠军/2届法国联赛杯冠军 ●个人荣耀:1届阿根廷年度最佳球员奖/1届西甲联赛助攻王/1届法甲联赛助攻王

蓝白之帜 阿根廷传　　　　　　　　　　　　　　　阿 根 廷 列 传

小魔仙 / 迪巴拉
Paulo Dybala

　　如果说谁能够接班梅西在阿根廷队中的核心位置，那么非保罗·迪巴拉莫属了。年仅17岁的迪巴拉就在科尔多瓦大学队崭露头角，同时还是历史上最年轻的进球者。帮助球队升入阿甲联赛后，迪巴拉接到还在意乙打拼的巴勒莫队召唤，阿根廷天才正式登陆意大利联赛。他不仅帮助巴勒莫升级，还荣膺了意乙助攻王的奖项。

　　迪巴拉盘带出色、射门方式多样、爆发力惊人，被称为是下一个阿根廷队的进攻核心。他的灵巧和启动速度完全征服了意大利，擅长防守的后卫们完全抵挡不住这个快速且锐利的年轻杀手。因此意甲班霸尤文图斯队将他带到都灵，和曼朱基奇、伊瓜因的锋线组合横扫意甲，帮助尤文图斯队在意甲联赛中所向披靡，这个不到24岁的年轻人更是令各家豪门垂涎欲滴。

　　拥有波兰、意大利、阿根廷三重国籍的迪巴拉最终选择为自己的祖国阿根廷队效力，在尤文图斯队逐渐成长为核心的迪巴拉还没能够在高手如云的阿根廷队中找到自己的位置，但有理由相信这一切都是时间能够解决的问题，新一代"潘帕斯雄鹰"的领军人物别无他选，可见迪巴拉的才华有多么出众。

　　迪巴拉在2015年阿根廷队对阵厄瓜多尔队的比赛中完成国家队的处子秀，虽然至今只为阿根廷出战12场，未能进球，但他毕竟年轻。如今迪巴拉已经入选征战俄罗斯世界杯的阵容中，他已经迫不及待地想要在世界舞台上证明自己了。

2015年至今代表阿根廷国家队出场12场、进球0粒
参加世界杯：无 / 世界杯数据：无
●保罗·迪巴拉 /Paulo Dybala ●出生日期：1993年11月15日 ●出生地：科尔多瓦 ●身高：1.77米 ●位置：前锋 / 攻击型中场 ●主要效力俱乐部：巴勒莫 / 尤文图斯 ●俱乐部荣誉：2届意甲联赛冠军 /1届意乙联赛冠军 /2届意大利杯冠军 /1届意大利超级杯冠军 ●个人荣耀：1届意甲联赛助攻王 /1届意大利杯最佳射手

阿根廷历史四十大巨星　　　　　　ARGENTINA NATIONAL FOOTBALL TEAM

铁皮人 / 伊卡尔迪

Mauro Icardi

　　梅西之外，谁是阿根廷当世最恐怖的得分机器？伊瓜因、阿奎罗、迪巴拉？都不是，他的名字叫作毛罗·伊卡尔迪，国际米兰王牌前锋，意甲联赛30年来最年轻的联赛金靴得主。

　　伊卡尔迪自幼展现出了过人的运动天赋，他的左右脚技术非常均衡，脚法细腻，盘带惊人，且拥有非常高效的进球效率。9岁那年，伊卡尔迪来到西班牙，在维辛达里奥梯队训练，5年打进超过500粒进球，震惊西班牙足坛。2011年，17岁的伊卡尔迪加盟当时身处意乙的桑普多利亚，伊卡尔迪在桑普出战31场，打进10球，展现出了不俗的进攻效率。2013年，国际米兰以1300万欧元的转会费，签下了20岁的阿根廷少年，蓝黑球迷将他视为迭戈·米利托的接班人。事实证明，伊卡尔迪要比米利托更具天赋和灵性，首个赛季出场22场打进9球只是小试牛刀。

　　2014/2015赛季，伊卡尔迪在36轮联赛中打进22球，与托尼一起荣膺当赛季意甲金靴。凭借自己出色的发挥，伊卡尔迪彻底征服了梅阿查球场，并成为这里的王牌。2017/2018赛季，意甲打到第37轮，伊卡尔迪已经打进28球，位列射手榜第二位。毫无疑问，他是阿根廷当世最火热的前锋之一，入选2018年国家队大名单顺理成章。

　　早在2013年，伊卡尔迪就拒绝了时任意大利主帅普兰德利的邀请，因为他的梦想是身披蓝白球衣征战世界杯。本来2018年俄罗斯世界杯，25岁的伊卡尔迪有望第一次代表"潘帕斯雄鹰"出战，但他被主教练因战术原因而无情地拒绝了。

2013年至今代表阿根廷国家队出场4场、进球0粒
参加世界杯：无 / 世界杯数据：无
●毛罗·伊卡尔迪/Mauro Icardi ●出生日期：1993年2月19日 ●出生地：罗萨里奥 ●身高：1.81米 ●位置：前锋
●主要效力俱乐部：桑普多利亚/国际米兰 ●个人荣耀：1届意甲联赛最佳射手

世界杯豪门王朝系列

蓝白之帜

阿根廷别传
ARGENTINA NATIONAL FOOTBALL TEAM
1901 — 2018
历史十大经典时刻

1 **首次夺冠**

1978年世界杯在阿根廷本土举办,球队借东道主之力,以4胜1平1负的成绩打进决赛。决赛面对荷兰队,阿根廷队凭借肯佩斯的"梅开二度"和贝尔托尼的进球,3比1战胜对手,首次捧起大力神杯。

● 1978年6月25日,阿根廷首都布宜诺斯艾利斯举办世界杯决赛,阿根廷队3比1战胜荷兰队夺得冠军,赛后队长帕萨雷拉高举大力神奖杯。

2 **上帝之手**

1986年墨西哥世界杯,正值巅峰的马拉多纳率领阿根廷队卷土重来,1/4决赛对阵英格兰队。此战马拉多纳"梅开二度"帮助阿根廷队取胜,虽然第2个进球被评选为世界杯历史最佳进球,但是更让球迷牢记的却是那个世界杯历史上最大误判的首粒进球。1.68米的迭戈在与高大的希尔顿争抢头球时用手将球打进了英格兰队大门,而裁判与对手都没有发觉,难怪赛后马拉多纳称之为"上帝之手"。对于在"马岛之战"中被英国击败的阿根廷人来说,赢球最提振国民士气。

"上帝之手"成为一代"球王"马拉多纳职业生涯最大争议之所在。这个球就如同马拉多纳一样,也成为阿根廷足球史上永远的经典。

● 1986年6月22日,墨西哥世界杯1/4决赛,阿根廷队对阵英格兰队,马拉多纳用"上帝之手"碰进攻门,为球队首开纪录。

3 过五关斩六将

这是足球史上最完美的进球之一,更被国际足联选为世纪最佳进球。

这几乎满足最佳进球的所有想象:千里走单骑,如入无人之境。对比第一个"上帝之手"的进球,马拉多纳这记神迹般进球击碎所有质疑。当时他从中场拿球,先做了一个"马拉多纳旋转过人",此动作起初是以马拉多纳来命名的,也就是后来被广泛熟知的"马赛回旋"之后他持球奔跑大半个球场,盘扭过6名英格兰球员,分别为格伦·霍德尔、彼得·列特、森臣、毕查、芬维克,最后在面对守门员希尔顿时虚晃破门。时任英格兰主教练罗布森评价此球时说:"我们的防守没有任何问题,但我们面对的是一个巨人天才!"阿根廷队最终以2比1把英格兰队淘汰出局,而这个进球没有任何争议。

● 1986年6月22日,墨西哥世界杯1/4决赛,阿根廷队对阵英格兰队,马拉多纳长途奔袭,连过6人,攻进第2粒进球,率领阿根廷队2比1淘汰宿敌英格兰队

4 万神之巅

1986年墨西哥世界杯,马拉多纳大放异彩,一战封王。他个人打进5球,助攻5球,荣膺该届大赛的最佳球员。马拉多纳率领阿根廷队捧起大力神杯,这也是"潘帕斯雄鹰"继1978年后,第二次夺得此项至尊殊荣。被众星捧月般簇拥的马拉多纳,高举金杯的影像,成为世界杯永恒的经典画面,而他本身也成为阿根廷人口口相传的骄傲图腾!

● 1986年6月29日,墨西哥城,世界杯决赛,阿根廷队3比2击败联邦德国队,马拉多纳高举大力神奖杯,庆祝赢得世界杯冠军

5 幻影绝杀

这场比赛,阿根廷队在马拉多纳统率下,组织起顽强的后防线,一次又一次地顶住巴西人的狂轰乱炸,并伺机反攻。第80分钟,马拉多纳接后场队员的传球,从右路突进巴西队前场,带球晃过巴西队两名防守队员,又在巴西队跟过来的两名后卫夹击之前,一脚弧线长传,将球传给被称为"风之子"的卡吉尼亚脚下。

一头金色的长发的卡吉尼亚,以(百米10秒3)追风速度,冲入已经无人防守的巴西队左路,面对距离20多米远的巴西球门疾驰而来,并赶在巴西队门将封堵上来之前,快步一脚射门。这一瞬间,与武侠小说中描写的别无二致:长发飘飞、利剑出鞘,剑光闪过、对手倒地。

虽然是卫冕冠军,但1990年的阿根廷实力较1986年有不少下降,小组赛勉强以第三名出线。在淘汰赛对阵卡雷卡领衔猛将如云的巴西队时,表现极为狼狈,竟然被"桑巴军团"打出22比2的射门比。然而,阿根廷队门将戈耶切亚的高接低挡,神奇化解无数必进之球,力保球门不失。而马拉多纳做到了"不可胜在己",送出"世纪助攻"。而卡尼吉亚如旋风幻影般杀到门前,晃过门将,一剑封喉,正所谓"可胜在敌",在临近终场前绝杀了巴西队!

● 1990年意大利世界杯1/8决赛,"风之子"卡吉尼亚绝杀巴西队

6 战神洒泪

巴蒂斯图塔是阿根廷传奇前锋,无法预料的是2002年世界杯竟然成为"战神"的谢幕之战,泪洒世界杯,战神卸甲,竟然如此悲壮。

自1990年意大利之夏至今,阿根廷队似乎总是与"泪水"相伴。32年前马拉多纳如孩子般哭泣的眼泪;16年前巴蒂斯图塔落寞伤感的眼泪;以及4年前马斯切拉诺无比遗憾的眼泪。"Don't cry for me, Argentina"《阿根廷,请别为我哭泣》,这是著名音乐剧《艾薇塔》里最经典的一段,听起来令人伤感心碎,难道这影射了阿根廷足球的悲情宿命吗?

● 2002年6月12日,阿根廷队对阵瑞典队。比赛第59分钟,瑞典队由斯文森率先破门,虽然克雷斯波在88分钟扳回一球,但无奈接受1比1的平局,阿根廷队小组积4分黯然出局

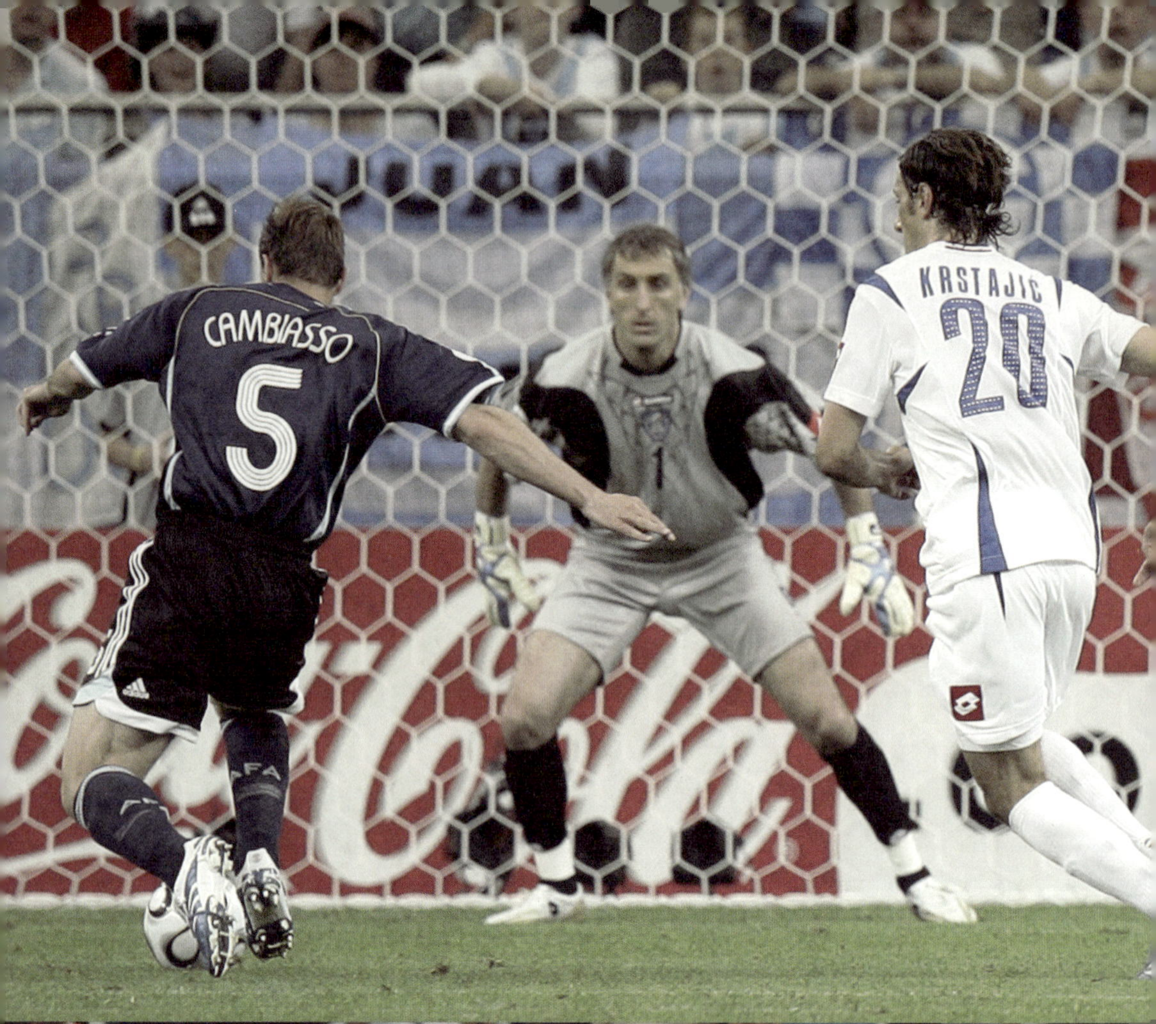
CAMBIASSO
5
KRSTAJIC
20

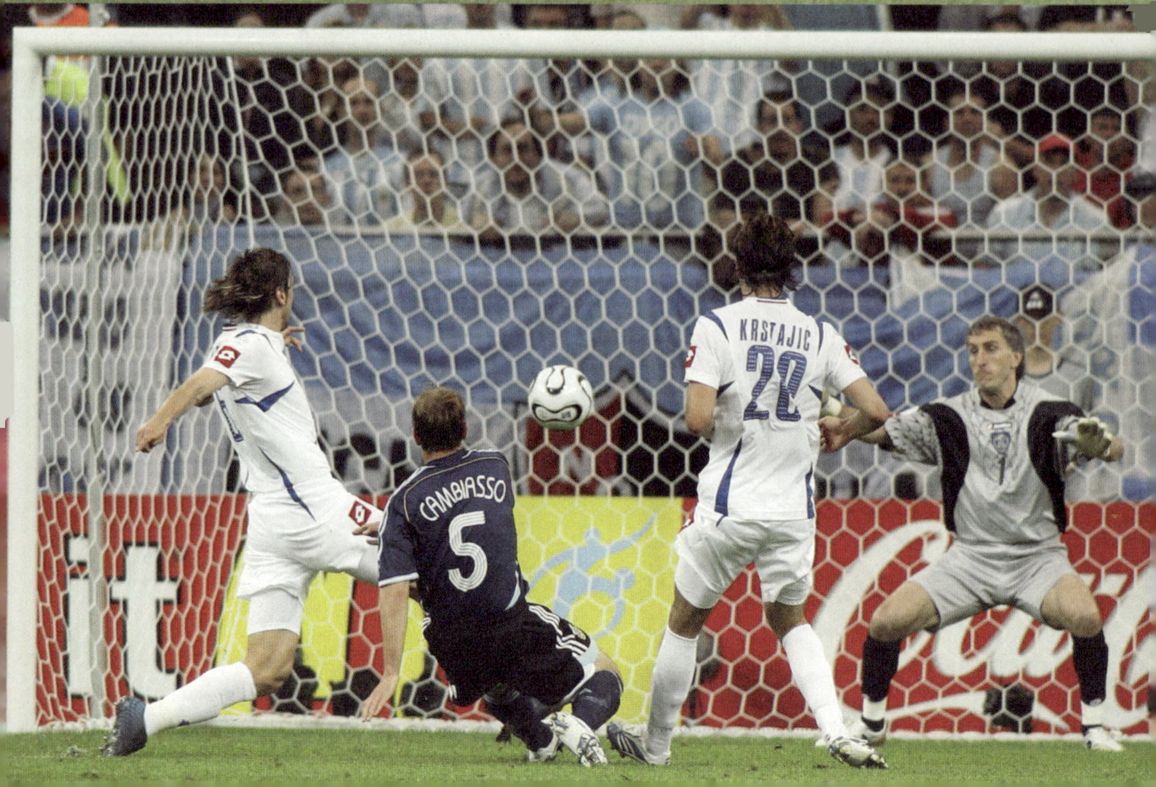
KRSTAJIC
20
CAMBIASSO
5

7 团队进球

2006年，坎比亚索打进的经典进球就为人津津乐道。德国世界杯上，身处"死亡之组"的阿根廷队，是在小组赛次轮以6比0大胜塞黑队的比赛中献上了这记神作。这粒进球经过了25脚串联，传递更多，但花费的时间更长。最终，坎比亚索的射门穿过了塞黑队大门，将比分改写为2比0。从某种程度上说，正是这"球都摸不到"的防守，瓦解了塞黑队在当场比赛中的信心。

● 2006年6月16日，世界杯小组赛第二场，阿根廷队对阵塞黑队比赛第31分钟，坎比亚索打进了一记精彩绝伦的进球，这也是他在世界杯赛场上的唯一一粒进球。

8 马大帅

2008年10月28日，阿根廷足协决定由马拉多纳担任国家队的主教练职务。2009年10月15日，马拉多纳带领阿根廷队在世界杯预选赛上艰难过关，成功进军2010年世界杯。在南非世界杯上，阿根廷虽然在小组赛中3战3胜，以进7球失1球的战绩成功出线，但舆论一致认为老马的战术明显攻强守弱。果然，阿根廷队在1/4决赛中，遇到强大的德国队，球队的防守弱点屡屡被对手抓住，最终球队以0比4大败而无缘半决赛。

9 珠联璧合

作为南美的技术流球队,"潘帕斯雄鹰"从来不缺乏精彩进球。在3比2战胜尼日利亚队的比赛中,"蓝白军团"的第一个进球非常精彩。

本场比赛刚刚开始2分多钟,阿根廷队经过耐心地传控,由马斯切拉诺传出直塞,迪马利亚突入禁区小角度劲射被挡,梅西补射破门。第一时间,人们可能还没有意识到经典的诞生,但通过慢镜头回放和视频解析,阿根廷队的这个进球,经历了20脚的传递,总花费61秒,平均每次触球3秒。这20脚传递,从右路开始,到左路迪马利亚射门结束,包括门将罗梅罗在内的绝大多数阿根廷球员都有参与。在那一时刻,阿根廷队仿佛在绿茵场上施展着他们"探戈"的舞姿,美妙绝伦。

● 2014年6月26日,阿根廷队对阵尼日利亚队,马斯切拉诺直传,迪马利亚左肋劲射,乱战之中恩耶马的倒地扑救,皮球折射回来之后,梅西8米处左脚爆射入网,1比0

10 擦"杯"而过

也正因为马拉多纳的成功,让作为"球王接班人"的梅西,备感压力。如果他无法带领阿根廷队夺得大力神杯,那么马拉多纳终将成为梅西一生的阴影。2014年世界杯上,阿根廷队一路过关斩将,闯进决赛。眼看就要上演28年前马拉多纳一骑绝尘的奇迹了,可惜球队倒在最终的舞台上。

● 被誉为"球王接班人"的梅西,最接近大力神杯的一次是2014年的世界杯上,当时梅西走过大力神杯瞬间,也只能无奈地望着,因为阿根廷队在决赛中以0比1负于德国队。

世界杯豪门王朝系列

蓝白之帜

阿根廷别传
ARGENTINA NATIONAL FOOTBALL TEAM
1901　　　2018
南美双雄百年决

■文/变迁の风

世界足坛里除了俱乐部之间有死敌和德比战之外，国家队的赛事里也有死敌和竞争关系的球队，其中巴西队就是阿根廷队最大的劲敌。首先两队都隶属于南美洲；他们的土地面积分列前两位；二者都是足球大国；都有各自的"球王"——贝利和马拉多纳；都获得过各项赛事的冠军（世界杯、美洲杯、联合会杯、U-20世青赛、U-20南美锦标赛、U-17世青赛、U-17南美锦标赛、奥运会金牌），还有一种说法是因为两个国家所处的殖民地西班牙（阿根廷）和葡萄牙（巴西）之间的对垒。

两队的渊源颇有意思，巴西队首场友谊赛就是对阵阿根廷队，那是在1908年的7月9日，巴西队在主场以2比3败北。之后巴西足协在1914年8月成立，国家队的正式首秀对阵的又是阿根廷队。9月20日，在纪念碑球场阿根廷队再次以3比0战胜巴西队。自此，双雄争霸的一幕就此拉开。

在1937年的美洲杯赛上，由于当时美洲杯并不是淘汰赛制，而是以积分制度来排名成绩，当时两支球队同积8分，因此需要通过附加赛来决定冠军归属。当时阿根廷队坐镇主场，当时阿根廷球迷嘲笑巴西人，称他们为——猕猴，并在场上模仿猴子的声音。双方90分钟内互交白卷，在加时赛中，阿根廷队10分钟里攻入两球，第五次捧得美洲金杯。赛后，当巴西队回到国内时，遭到媒体嘲讽，他们把这场比赛称之为"Jogo Da Vergonha"（耻辱游戏），这也是两队关系恶化的第一步。

1939年，在里约热内卢举行的罗卡杯，由于首场比赛巴西队以1比5失利，因此次回合是巴西队的复仇之战。比赛开始后，巴西队以1比0领先，随后阿根廷

队扳平并反超比分,但是顽强的巴西人又把比分追成2比2平。就在比赛即将结束前,裁判和上一场比赛一样,又判给巴西队一个有争议的点球。愤怒的阿根廷中场球员阿尔卡迪奥·洛佩斯用脏话攻击裁判,不得不被警方押解出场。阿根廷全队对裁判和警方的行为感到愤怒而集体离场。虽然对方球门空空如也,但巴西队还是要罚这粒罚点,最终比赛以3比2结束。这种全队集体抗议并离场的行为,在国际足坛也是极为罕见的。

此后两队交锋的火药味越来越浓,1945年的美洲杯赛上,巴西球员阿德米尔就踢断了阿根廷球员巴塔列罗的腿;1946年的美洲杯,双方相遇前媒体就有大量的报道,他们都相信这会是一场粗野

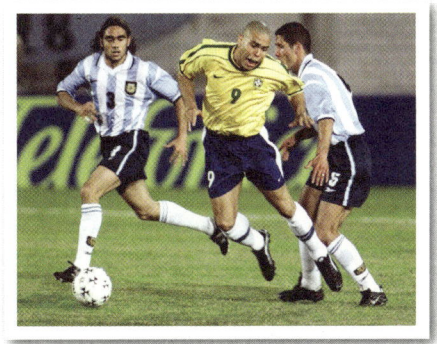

的比赛。果不其然,巴西队前腰贾尔·达·罗莎·平托将阿根廷队长何塞·萨洛蒙的胫骨和腓骨撞断裂。随后双方球员在场上发生混乱,双方球迷也闯进场内,警方因此出动大量警力平息。比赛恢复后,阿根廷队最终以2比0胜出,但是受害者萨洛蒙一直因无法康复而就此退役。

1991年的美洲杯赛,是双方最为粗

野的一次交锋，共有5名球员先后被红牌罚下。在比赛第31分钟，卡尼吉亚和马津霍因暴力行为被双双驱逐出场；第61分钟，卡洛斯·恩里克和马尔西奥·桑托斯再次因打架而被罚出场；巴西球员卡雷卡·比安切兹的一个危险动作导致对手被担架抬出场外，裁判出示了那场比赛的第5张红牌。虽然阿根廷最终以3比2战胜巴西，但多年后让人们记住的却是一场丑陋至极的比赛。

当然世界足坛除了马拉多纳的"上帝之手"外，巴西人也曾经做过那样的事，那是1995年的美洲杯，7月17日在乌拉圭举行的1/4决赛。比赛第81分钟，巴西前锋图利奥用左臂将球停下并射门得分，将比分扳成2比2平局。尽管这个手球显而易见，但秘鲁的裁判，阿尔贝托·特哈达·诺列加却声称他并没有看到，巴西队因此将比赛拖进加时，并在点球大战中以4比2淘汰阿根廷队。随后阿根廷媒体将这一事件称为"魔鬼之手"，但巴西却反驳马拉多纳的"上帝之手"，比赛虽已结束，但双方场外的争夺永不会停息。

在世界杯赛场上，双方更是刺刀见红。在1982年世界杯，巴西队、阿根廷队和意大利队被分在第二轮的C组中，这是世

● 巴西球迷用阿根廷的国旗颜色做的棺材模型，并在上面写上马拉多纳的名字。

界杯历史上最强的"死亡之组"，首战意大利队以2比1战胜阿根廷队。阿根廷队需要在第二场对阵巴西队的比赛中取胜才可以小组出线，但是他们却以3比1落败，沮丧的马拉多纳用脚踢了巴西球员巴蒂斯塔，被红牌罚下，阿根廷队最终小组垫底。

两队最后一次在世界杯交手是1990年，当时这个事件被称为"圣水丑闻"。双方在第一轮的淘汰赛就相遇，那场比赛马拉多纳助攻卡尼吉亚进球，最终以1比0小胜巴西队。赛后，巴西左后卫布兰科指责阿根廷的队医给一名正在处理场上受伤的球员一瓶类似安定剂的水。这是马拉多纳在阿根廷电视节目中也曾透露过球员确实喝过。但当时的阿根廷足协和主教练卡洛斯·比拉尔多均否认球员喝了所谓的"圣水"。

两队最近一次交锋是2016年11月10日，世界杯南美区预选赛，巴西队主场迎战阿根廷队。此时的"桑巴军团"状态奇佳，在积分榜上遥遥领先，而阿根廷队却被远远抛在后面。巴西队在内马尔的带领下以3比0干净利落地拿下比赛，巩固了领先优势，而阿根廷队则进一步滑落。

如今两队最终均进入2018年世界杯决赛圈，阿根廷队分在"死亡之组"，而巴西队则抽到不错的签，如果顺利，双方会在半决赛中相遇。如今两队各有自己的进攻核心——内马尔和梅西，这两位曾经的巴萨队友都担负着重任，究竟谁能够真正地"封王"，就看谁能带领球队走到最后了。

- 双方交战历史最佳射手：贝利（10场比赛打入8球）
- 阿根廷最大比分胜利：1比6（1940年3月5日/罗卡杯）
- 阿根廷最大比分失利：6比2（1945年12月20日/罗卡杯）

阿根廷 PK 巴西国家队交手榜

交手次数	阿根廷胜	平	负	进球	失球
105 场	39	26	40	161	162

阿根廷 PK 巴西 U-23 国家队交手榜

交手次数	阿根廷胜	平	负	进球	失球
12 场	5	3	4	17	12

阿根廷 PK 巴西 U-20 国家队交手榜

交手次数	阿根廷胜	平	负	进球	失球
28 场	13	3	12	32	33

阿根廷 PK 巴西 U-17 国家队交手榜

交手次数	阿根廷胜	平	负	进球	失球
18 场	3	4	44	14	31

阿根廷 PK 巴西——国家队赛事冠军榜单

赛事	阿根廷	巴西
世界杯	2 届冠军	5 届冠军
美洲杯	14 届冠军	8 届冠军
联合会杯	1 届冠军	4 届冠军
泛美锦标赛	1 届冠军	2 届冠军
罗卡杯	4 届冠军	8 届冠军
南美超级德比杯	1 届冠军	3 届冠军
奥运会	2 枚金牌	1 枚金牌
U-20 世青赛	6 届冠军	5 届冠军
U-20 南美锦标赛	5 届冠军	11 届冠军
U-17 世青赛	—	3 届冠军
U-17 南美锦标赛	3 届冠军	12 届冠军
U-15 南美锦标赛	—	3 届冠军
总	39 个冠军	65 个冠军

阿根廷 PK 巴西——俱乐部赛事冠军榜单

赛事	阿根廷	巴西
洲际杯	9 届冠军	10 届冠军
南美解放者杯	24 届冠军	17 届冠军
南美杯	17 届冠军	13 届冠军
南美超级杯	8 届冠军	9 届冠军
骏河银行杯	2 届冠军	1 届冠军
泛美杯	7 届冠军	—
莱奥斯金杯	1 届冠军	2 届冠军
超级大师杯	6 届冠军	3 届冠军
国际杯大师杯	—	1 届冠军
洲际超级杯	2 届冠军	2 届冠军
总	76 个冠军	58 个冠军

阿根廷 PK 巴西国际赛事决赛对阵榜

年份	赛事	比分	胜负
1937	南美锦标赛决赛	2 比 0	阿根廷胜
1946	南美锦标赛决赛	2 比 0	阿根廷胜
1959	南美锦标赛决赛	1 比 1	平局
2004	美洲杯决赛	4 比 2*	阿根廷负
2005	联合会杯决赛	4 比 1	阿根廷负
2007	美洲杯决赛	3 比 0	阿根廷负

● 注：* 为点球比分。

阿根廷 PK 巴西射手榜（两队之间正式比赛对阵）

赛事	巴西球员	阿根廷球员
世界杯*	罗纳尔多（3球）	克雷斯波（3球）
美洲杯	布拉加（3球）	门德斯（5球）
联合会杯	阿德里亚诺（2球）	艾马尔（1球）
奥运会	吉奥瓦尼（1球）	阿圭罗（2球）

● 注：* 包含预选赛。

阿根廷 PK 巴西上演帽子戏法的球员（包含非正式比赛）

赛事	日期	比分	帽子戏法球员
美洲杯	1925年12月13日	4 比 1	赛奥内（阿根廷）
罗卡杯	1940年3月5日	6 比 1	佩乌塞莱（阿根廷）
美洲杯	1945年2月14日	3 比 1	门德斯（阿根廷）
美洲杯	1959年12月22日	4 比 1	圣·菲利波（阿根廷）
罗卡杯	1963年4月16日	5 比 2	贝利（巴西）
友谊赛	1999年9月7日	4 比 2	里瓦尔多（巴西）
世预赛	2004年6月2日	3 比 1	罗纳尔多（巴西）
友谊赛	2012年6月9日	3 比 4	梅西（阿根廷）

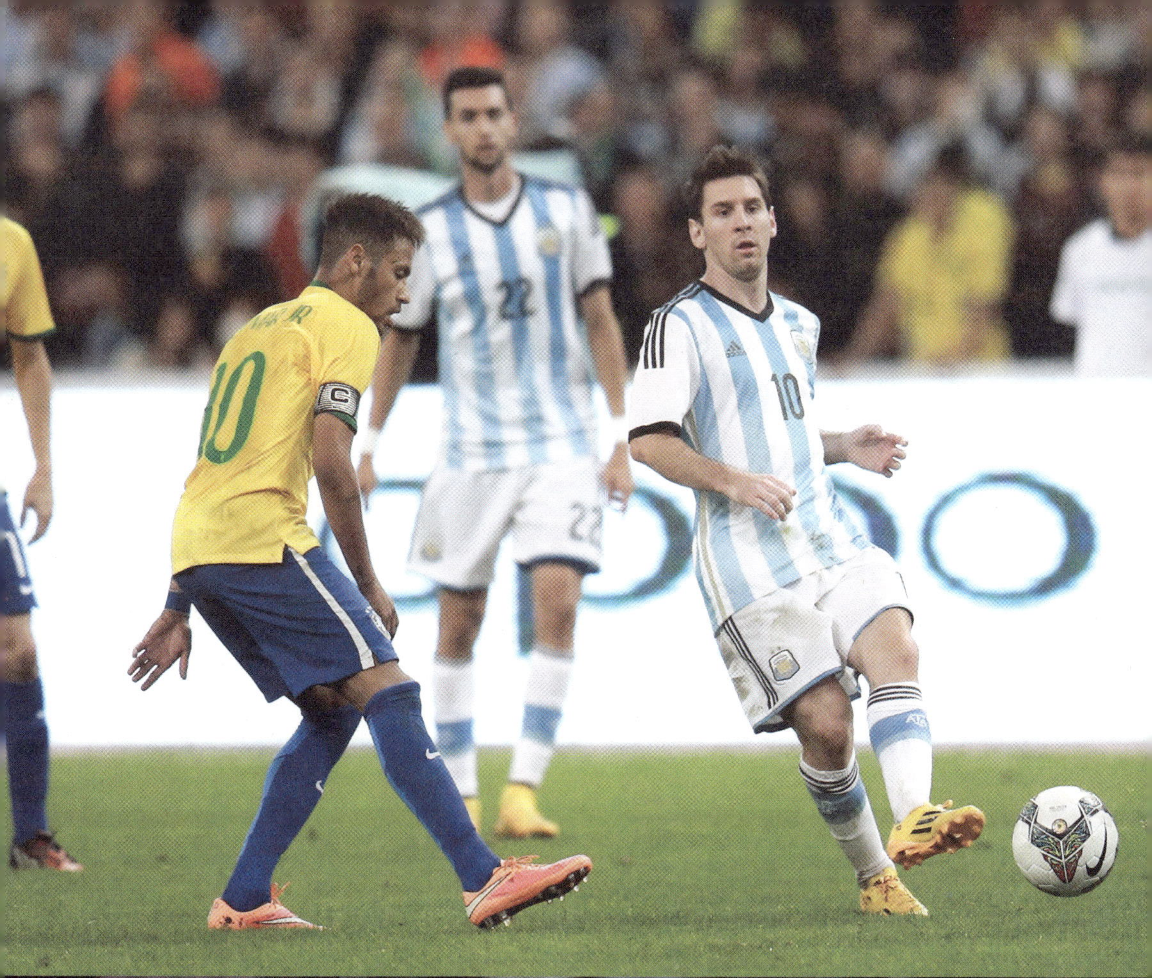
10
22
10

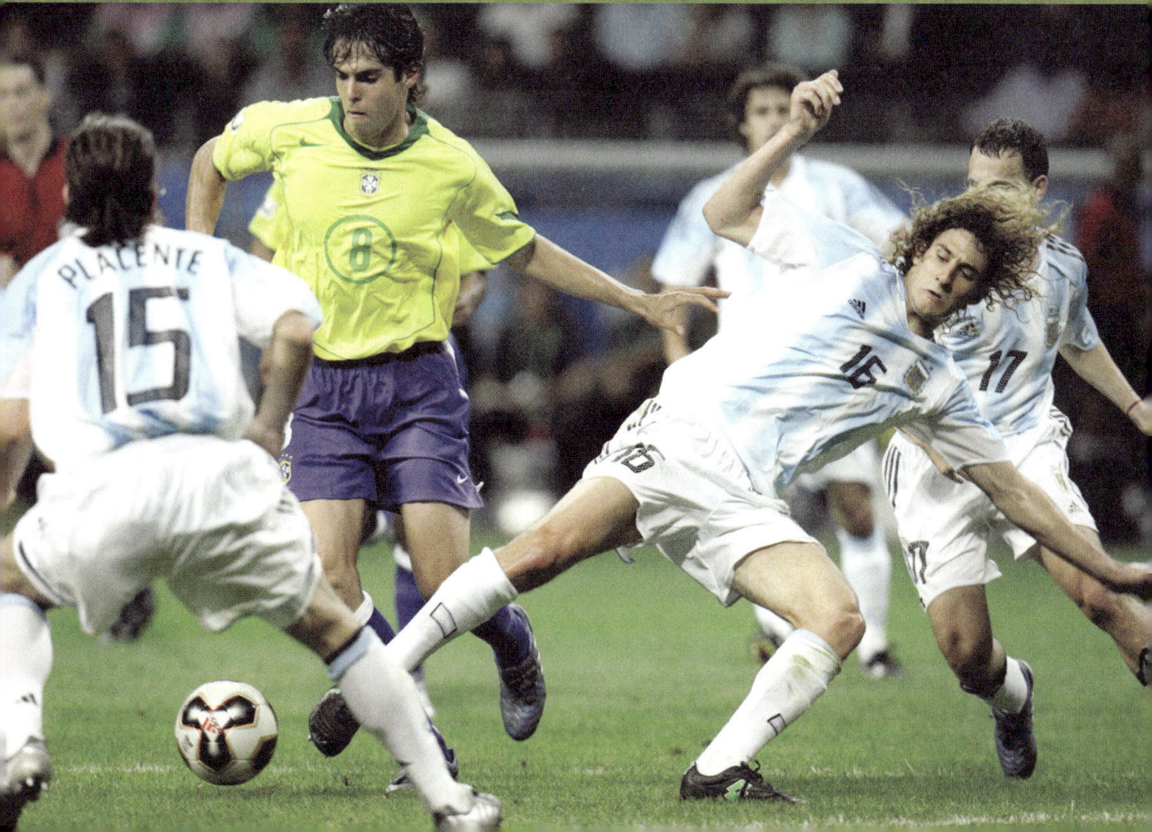
PLACENTE
15
8
16
17

世界杯豪门王朝系列

蓝白之帜

阿根廷别传
ARGENTINA NATIONAL FOOTBALL TEAM

1901 — 2018

历史荣耀数据库

■文/变迁の风

荣誉陈列室

世界杯
2 次获得冠军

阿根廷夺得过 2 次冠军,在 1978 年和 1986 年均击败了两支欧洲球队。阿根廷还获得 3 次亚军,其中最近的两次亚军均以 0 比 1 的比分倒在德国人脚下。

美洲杯
14 次获得冠军

1921 年,阿根廷首次赢得南美锦标赛冠军,至今为止共获得 14 座美洲杯冠军,是美洲杯夺冠次数第二多的球队。然而距离最近一次夺冠是 1993 年,从 2004 年以来,阿根廷获得 4 次亚军。

联合会杯
1 次获得冠军

阿根廷共参加过 3 次联合会杯,在 1992 年参加首届联合会杯就夺得冠军,他们在决赛上以 3 比 1 战胜沙特阿拉伯,其余两次均获得亚军(1995 年和 2005 年)。

奥运金牌
2 次获得冠军

阿根廷在 2004 年和 2008 年两获奥运男足金牌,均是以 6 战全胜的战绩获得,其中 2004 年进 17 球且零失球的成绩创造纪录。在 1928 年和 1996 年获得两次银牌。

泛美锦标赛
6 次获得冠军

由泛美足球联合会举办,1951 年创办,每 4 年一次,是美洲地区重要的锦标赛,仅限于南美球队参加。阿根廷获得前三届的金牌,也是唯一一支三连冠的球队,6 次金牌也是夺冠次数最多的球队,阿根廷还获得两次银牌。

"U-20" 世界杯
6 次获得冠军

1977 年成立的赛事,也被称为"世青赛"。阿根廷共 15 次参赛,获得 6 次冠军,是获得冠军次数最多的球队,其中还获得 1 次亚军。1979 年,马拉多纳是首次获得金球奖的阿根廷球员,同时拉蒙·迪亚斯是首次获得金靴奖的阿根廷球员。2001 年萨维奥拉的 11 粒进球是"U-20"世界杯历史单届赛事进球数最多的。

"U-20" 南美锦标赛
5 次获得冠军

1954 年成立的赛事,起初参赛的年龄限制为 19 岁以下。在第八届赛事后,年龄限制到 20 岁。阿根廷队共 26 次参赛,获得 5 次冠军(1967 年、1997 年、1999 年、2003 年和 2015 年),其中还得 6 次亚军(1958 年、1979 年、1991 年、1995 年、2001 年 和 2007 年)。

阿根廷国家队榜单

阿根廷球员世界杯总出场榜

排名	姓名	位置	出场	参加世界杯
1	马拉多纳	前腰	21	4届
2	肯佩斯	前锋	18	3届
3	马斯切拉诺	后腰	16	3届
	鲁杰里	后卫	16	3届
4	梅西	前锋	15	3届
5	布鲁查加	前锋	14	2届
6	菲洛尔	门将	13	3届
7	塔兰蒂尼	后卫	12	2届
	帕萨雷拉	后卫	12	3届
	巴蒂斯图塔	前锋	12	3届
	奥尔金	后卫	12	2届

阿根廷球员世界杯射手榜

排名	姓名	位置	进球	出场	参加世界杯
1	巴蒂斯图塔	前锋	10	12	3届
2	斯塔比莱	前锋	5	8	1届
3	马拉多纳	前腰	8	21	4届
4	肯佩斯	前锋	6	18	3届
	伊瓜因	前锋	5	11	2届
	梅西	前锋	5	15	3届
7	卢克	前锋	4	5	1届
	克雷斯波	前锋	4	8	3届
	巴尔达诺	前锋	4	9	2届
	卡尼吉亚	前锋	4	10	3届
	贝托尼	边锋	4	11	2届
	豪斯曼	中场	4	12	2届
8	科尔巴塔	边锋	3	3	1届
	佩塞勒	前腰	3	4	2届
	阿特梅斯	前锋	3	4	1届
	特维斯	前锋	3	8	2届
	罗德里格斯	边锋	3	12	3届
	帕萨雷拉	后卫	3	12	3届
	布鲁查加	中场	3	14	2届

阿根廷球员世界杯预选赛射手榜

排名	姓名	位置	进球	参加世预赛
1	梅西	前锋	21	4届
2	克雷斯波	前锋	19	3届
3	巴蒂斯图塔	前锋	11	3届
4	伊瓜因	前锋	10	3届
5	阿圭罗	前锋	9	3届
6	奥尔特加	前腰	7	2届
	克劳迪奥·洛佩斯	边锋	7	2届
	里克尔梅	前腰	7	2届
7	科巴塔	边锋	6	2届
	贝隆	中场	6	4届
8	鲁本·阿亚拉	前锋	5	1届
	加尔拉多	前腰	5	2届
	索林	后卫	5	3届

阿根廷国家队总出场榜（前15名）

排名	姓名	位置	效力年份	总出场
1	萨内蒂	后卫	1994—2011年	145
2	马斯切拉诺	后腰	2003年至今	142
3	梅西	前锋	2005年至今	123
4	罗伯托·阿亚拉	后卫	1994—2007年	115
5	西蒙尼	中场	1988—2002年	106
6	鲁杰里	后卫	1983—1994年	97
7	罗梅罗	门将	2008年至今	94
8	迪马利亚	边锋	2008年至今	92
9	马拉多纳	前腰	1977—1994年	91
10	奥尔特加	前腰	1993—2008年	88
11	阿圭罗	前锋	2006年至今	83
12	巴蒂斯图塔	前锋	1991—2002年	78
13	特维斯	前锋	2004年至今	76
	索林	后卫	1995—2006年	76
14	加雷戈	中场	1975—1982年	73
	贝隆	中场	1996—2010年	73
15	海因策	后卫	2003—2010年	72

阿根廷国家队总射手榜（前10名）

排名	姓名	位置	总进球	进球率
1	梅西	前锋	61	0.50
2	巴蒂斯图塔	前锋	56*	0.72
3	阿圭罗	前锋	36	0.43
4	克雷斯波	前锋	35	0.55
5	马拉多纳	前腰	34	0.36
6	伊瓜因	前锋	32	0.46
7	阿特梅斯	中场	24	0.96
8	帕萨雷拉	后卫	23	0.33
9	卢克	前锋	22	0.49
10	马萨托尼奥	前锋	21	1.11
	辛费利普	前锋	21	0.72

● 注：*号56球是国际足联统计，阿根廷足协统计是54球。

阿根廷世界杯总成绩榜

年份	主办国	成绩	场次	胜	平	负	进球	失球
1930	乌拉圭	亚军	5	4	0	1	18	9
1934	意大利	第一轮	1	0	0	1	2	3
1958	瑞典	小组赛	3	1	0	2	5	10
1962	智利	小组赛	3	1	1	1	2	3
1966	英格兰	1/4决赛	4	2	1	1	4	2
1974	联邦德国	小组赛第二轮	6	1	2	3	9	12
1978	阿根廷	冠军	7	5	1	1	15	4
1982	西班牙	小组赛第二轮	5	2	0	3	8	7
1986	墨西哥	冠军	7	6	1	0	14	5
1990	意大利	亚军	7	2	3	2	5	4
1994	美国	1/8决赛	4	2	0	2	8	6
1998	法国	1/4决赛	5	3	1	1	10	4
2002	韩国/日本	小组赛	3	1	1	1	2	2
2006	德国	1/4决赛	5	3	2	0	11	3
2010	南非	1/4决赛	5	4	0	1	10	6
2014	巴西	亚军	7	5	1	1	8	4

阿根廷荣耀数据库　　　ARGENTINA NATIONAL FOOTBALL TEAM

阿根廷球员世界杯助攻榜（数据从1966年开始统计）

排名	姓名	位置	出场	助攻
1	马拉多纳	前腰	21	8
2	贝隆	中场	11	6
3	里克尔梅	前腰	5	4
	肯佩斯	前锋	18	3
4	梅西	前锋	15	3
5	帕萨雷拉	后卫	12	3
6	贝托尼	边锋	11	3

阿根廷国际赛事战绩榜

赛事	参赛	胜	平	负	进球	失球	胜率
世界杯	77	42	14	21	131	84	60.6%
世预赛	136	75	36	25	235	127	63.9%
美洲杯	189	120	38	31	455	173	70.1%
联合会杯	10	5	3	2	22	14	60.0%
友谊赛	569	289	149	131	996	635	59.5%
总计	989	536	242	212	1866	1045	62.3%

阿根廷纪录

- 最大比分失利：1比6（1958年6月15日，世界杯小组赛，对阵前捷克斯洛伐克队/2009年4月1日，世界杯预选赛，对阵玻利维亚队/2018年3月27日，友谊赛对阵西班牙队）
- 最大比分胜利：12比0（1942年1月22日，世界杯小组赛，对阵厄瓜多尔队）
- 世界杯最大比分胜利：6比0（2006年6月16日，世界杯小组赛，对阵塞尔维亚队）
- 奥运会最大比分胜利：11比2（1928年5月29日，对阵美国队）
- 最长时间不败场次：31场（1991年至1993年，18胜13平）
- 最长时间主场不败场次：42场（1996年至2009年，32胜10平）
- 最长时间客场不败场次：14场（1990年至1993年，7胜7平）
- 最长时间在中立场地不败场次：26场（1941年至1956年，23胜3平）
- 世界杯决赛遭遇最多的对手：德国队，共3次（1986年、1990年和2014年）
- 历史遭遇最多的对手：乌拉圭队，共193次（89胜、45平、59负）

阿根廷历届世界杯战绩

年份	阶段	对手	胜负	比分	阿根廷进球球员
1930	小组赛第一场	法国	胜	1比0	蒙蒂
	小组赛第二场	墨西哥	胜	6比3	斯塔比莱（3球）/ 苏梅尔祖 / 瓦拉洛
	小组赛第三场	智利	胜	3比1	斯塔比莱（2球）/ 埃瓦里斯托
	半决赛	美国	胜	6比1	蒙蒂 / 斯科佩利 / 斯塔比莱（2球）/ 佩乌萨勒
	决赛	乌拉圭	负	2比4	佩乌萨勒 / 斯塔比莱
1934	第一轮	瑞典	负	2比3	贝利斯 / 加拉泰奥
1958	小组赛第一场	联邦德国	负	1比3	科尔巴塔
	小组赛第二场	北爱尔兰	胜	3比1	科尔巴塔 / 梅内德斯 / 阿维奥
	小组赛第三场	捷克斯洛伐克	负	1比6	科尔巴塔
1962	小组赛第一场	保加利亚	胜	1比0	法昆多
	小组赛第二场	英格兰	负	1比3	辛费利普
	小组赛第三场	匈牙利	平	0比0	
1966	小组赛第一场	西班牙	胜	2比1	阿特梅斯（2球）
	小组赛第二场	联邦德国	平	0比0	
	小组赛第三场	瑞士	胜	2比0	阿特梅斯 / 奥涅加
	1/4决赛	英格兰	负	0比1	
1974	第一轮小组赛第一场	波兰	负	2比3	埃雷迪亚 / 巴宾顿
	第一轮小组赛第二场	意大利	平	1比1	豪斯曼
	第一轮小组赛第三场	海地	胜	4比1	亚萨尔德（2球）/ 豪斯曼 / 鲁本·阿亚拉
	第二轮小组赛第一场	荷兰	负	0比4	
	第二轮小组赛第二场	巴西	负	1比2	布林迪西
	第二轮小组赛第三场	民主德国	平	1比1	豪斯曼
1978	第一轮小组赛第一场	匈牙利	胜	2比1	卢克 / 贝尔托尼
	第一轮小组赛第二场	法国	胜	2比1	帕萨雷拉 / 卢克
	第一轮小组赛第三场	意大利	负	0比1	
	第二轮小组赛第一场	波兰	胜	2比0	肯佩斯（2球）
	第二轮小组赛第二场	巴西	平	0比0	
	第二轮小组赛第三场	秘鲁	胜	6比0	肯佩斯（2球）/ 塔兰蒂尼 / 卢克（2球）/ 豪斯曼
	决赛	荷兰	胜	3比1	肯佩斯（2球）/ 贝尔托尼
1982	第一轮小组赛第一场	比利时	负	0比1	
	第一轮小组赛第二场	匈牙利	胜	4比1	贝尔托尼 / 马拉多纳（2球）/ 阿尔迪列斯
	第一轮小组赛第三场	萨尔瓦多	胜	2比0	帕萨雷拉 / 贝尔托尼
	第二轮小组赛第一场	意大利	负	1比2	帕萨雷拉
	第二轮小组赛第二场	巴西	负	1比3	迪亚斯
1986	小组赛第一场	韩国	胜	3比1	巴尔达诺（2球）/ 鲁杰里
	小组赛第二场	意大利	平	1比1	马拉多纳
	小组赛第三场	保加利亚	胜	2比0	巴尔达诺 / 布鲁查加
	1/8决赛	乌拉圭	胜	1比0	帕斯库利
	1/4决赛	英格兰	胜	2比1	马拉多纳（2球）
	半决赛	比利时	胜	2比0	马拉多纳（2球）
	决赛	联邦德国	胜	3比2	布朗 / 巴尔达诺 / 布鲁查加
1990	小组赛第一场	喀麦隆	负	0比1	
	小组赛第二场	苏联	胜	2比0	布鲁查加 / 特罗格里奥

年份	阶段	对手	胜负	比分	阿根廷进球球员
	小组赛第三场	罗马尼亚	平	1比1	蒙松
	1/8 决赛	巴西	负	0比1	卡尼吉亚
	1/4 决赛	南斯拉夫	平	0比0	
	半决赛	意大利	平	1比1	卡尼吉亚
	决赛	联邦德国	负	0比1	
1994	小组赛第一场	希腊	胜	4比0	巴蒂斯图塔（3球）/ 马拉多纳
	小组赛第二场	尼日利亚	胜	2比1	卡尼吉亚（2球）
	小组赛第三场	保加利亚	负	0比2	
1998	小组赛第一场	日本	胜	1比0	巴蒂斯图塔
	小组赛第二场	牙买加	胜	5比0	奥尔特加（2球）/ 巴蒂斯图塔（3球）
	小组赛第三场	克罗地亚	胜	1比0	皮内达
	1/8 决赛	英格兰	平	2比2	巴蒂斯图塔 / 萨内蒂
	1/4 决赛	荷兰	负	2比1	洛佩斯
2002	小组赛第一场	尼日利亚	胜	1比0	巴蒂斯图塔
	小组赛第二场	英格兰	负	0比1	
	小组赛第三场	瑞典	平	1比1	克雷斯波
2006	小组赛第一场	科特迪瓦	胜	2比0	克雷斯波 / 萨维奥拉
	小组赛第二场	塞黑	胜	6比0	罗德里格斯（2球）/ 坎比亚索 / 克雷斯波 / 特维斯 / 梅西
	小组赛第三场	荷兰	平	1比1	
	1/8 决赛	墨西哥	胜	2比1	克雷斯波 / 罗德里格斯
	1/4 决赛	德国	平	1比1	阿亚拉
2010	小组赛第一场	尼日利亚	胜	1比0	海因策
	小组赛第二场	韩国	胜	4比1	朴周永（乌龙）/ 伊瓜因（3球）
	小组赛第三场	希腊	胜	2比0	德米凯利斯 / 巴勒莫
	1/8 决赛	墨西哥	胜	3比1	特维斯（2球）/ 伊瓜因
	1/4 决赛	德国	负	0比4	
2014	小组赛第一场	波黑	胜	2比1	科拉希纳茨（乌龙）/ 梅西
	小组赛第二场	伊朗	胜	1比0	梅西
	小组赛第三场	尼日利亚	胜	3比2	梅西（2球）/ 罗霍
	1/8 决赛	瑞士	胜	1比0	迪马利亚
	1/4 决赛	比利时	胜	1比0	伊瓜因
	半决赛	荷兰	平	0比0	
	三四名决赛	德国	负	0比1	

阿根廷球员获奖榜

年份	姓名	位置	奖项
1970	亚萨尔德	前锋	阿根廷足球先生
1971	帕斯托里萨	中场	阿根廷足球先生
1972	巴尔加斯	后卫	阿根廷足球先生
1973	布林迪西	前腰	阿根廷足球先生
1974	雷蒙多	中场	阿根廷足球先生
1974	亚萨尔德	前锋	欧洲金靴奖
1975	埃克托·斯科塔	前锋	阿根廷足球先生
1976	帕萨雷利亚	后卫	阿根廷足球先生
1977	菲洛尔	门将	阿根廷足球先生
1978	肯佩斯	前锋	世界杯金靴奖 / 南美足球先生 / 阿根廷足球先生
1978	菲洛尔	门将	世界杯最佳门将
1979	马拉多纳	前腰	南美足球先生 / 阿根廷足球先生
1980	马拉多纳	前腰	南美足球先生 / 阿根廷足球先生
1981	马拉多纳	前腰	阿根廷足球先生
1982	加蒂	门将	阿根廷足球先生
1983	博奇尼	前腰	阿根廷足球先生
1984	马尔西科	中场	阿根廷足球先生
1986	马拉多纳	前腰	世界杯金球奖 / 世界最佳球员 / 阿根廷足球先生
1987	法布里	后卫	阿根廷足球先生
1989	莫雷诺	前锋	阿根廷足球先生
1990	马拉多纳	前腰	世界杯金球奖
1990	戈伊科切亚	门将	世界杯最佳门将 / 阿根廷足球先生
1991	鲁杰里	后卫	南美足球先生 / 阿根廷足球先生
1992	伊斯拉斯	门将	阿根廷足球先生
1993	梅迪纳·贝洛	前锋	阿根廷足球先生
1994	纳瓦罗·蒙托亚	门将	阿根廷足球先生
1998	巴勒莫	前锋	南美足球先生
1998	巴蒂斯图塔	前锋	阿根廷足球先生
1999	萨维奥拉	前锋	南美足球先生 / 阿根廷足球先生
2000	雷东多	后腰	欧洲俱乐部最佳球员
2001	里克尔梅	前腰	阿根廷足球先生
2001	里克尔梅	前腰	南美足球先生 / 阿根廷足球先生
2002	加布里埃尔·米利托	后卫	阿根廷足球先生
2003	特维斯	前锋	南美足球先生 / 阿根廷足球先生
2004	特维斯	前锋	南美足球先生 / 阿根廷足球先生
2005	特维斯	前锋	南美足球先生
2005	梅西	前锋	欧洲金童奖 / 阿根廷足球先生
2006	梅西	前锋	世界年度最佳年轻球员
2006	贝隆	中场	阿根廷足球先生
2007	梅西	前锋	美洲杯最佳年轻球员 / 阿根廷足球先生
2008	梅西	前锋	阿根廷足球先生
2008	里克尔梅	前腰	阿根廷足球先生
2008	贝隆	中场	南美足球先生
2009	贝隆	中场	南美足球先生 / 阿根廷足球先生
2009	阿奎罗	前锋	世界年度最佳年轻球员
2009	梅西	前锋	世界足球先生 / 欧洲金球奖 / 欧洲金靴奖 / 欧洲最佳球员 / 阿根廷足球先生
2010	米利托	前锋	欧洲最佳球员 / 欧洲最佳前锋
2010	梅西	前锋	世界金球奖 / 阿根廷足球先生
2010	达历桑德罗	前锋	南美足球先生
2010	马努埃尔·马丁内斯	边锋	阿根廷足球先生
2011	里克尔梅	前腰	阿根廷足球先生
2011	梅西	前锋	世界金球奖 / 欧洲最佳球员 / 世界最佳球员 / 阿根廷足球先生
2012	利桑德罗	前锋	阿根廷足球先生
2012	梅西	前锋	世界金球奖 / 欧洲金靴奖 / 阿根廷足球先生
2013	马克西·罗德里格斯	边锋	欧洲金靴奖 / 阿根廷足球先生
2013	梅西	前锋	欧洲金靴奖 / 阿根廷足球先生
2014	帕拉托	前锋	阿根廷足球先生
2014	迪马利亚	边锋	阿根廷足球先生
2014	梅西	前锋	世界杯金球奖
2015	马尔科·鲁本	前锋	阿根廷足球先生
2015	梅西	前锋	世界金球奖 / 欧洲最佳球员 / 美洲杯最佳球员* / 阿根廷足球先生
2016	贝卢斯基	中场	阿根廷足球先生
2017	梅西	前锋	欧洲金靴奖 / 阿根廷足球先生

●注：*梅西拒绝领奖，但官方依然记录在案。

●特维斯是唯一一位连续三年获得南美足球先生的阿根廷球员

●梅西创纪录地在 2009 年至 2012 年连续 4 次获得金球奖